DIE HUNA-GLÜCKSFORMEL

Petra Lazarus
Wulfing von Rohr

Die Huna Glücksformel

Entdecke die hawaiianische Leichtigkeit des Lebens

Ansata

Das vorliegende Buch ist sorgfältig erarbeitet worden.
Dennoch erfolgen alle Angaben ohne Gewähr.
Weder Autor noch Verlag können für eventuelle Nachteile oder Schäden, die aus den im Buch gemachten praktischen Hinweisen resultieren, eine Haftung übernehmen.

MIX
Papier aus verantwortungsvollen Quellen
FSC® C012425
FSC
www.fsc.org

Verlagsgruppe Random House FSC® N001967
Das für dieses Buch verwendete FSC® -zertifizierte Papier
Hello Fat Matt 1,1 liefert Condat,
Le Lardin Saint-Lazare, Frankreich.

Ansata Verlag
Ansata ist ein Verlag der Verlagsgruppe Random House GmbH.

ISBN 978-3-7787-7486-1

Erste Auflage 2014

Einbandgestaltung: Guter Punkt, München, unter Verwendung von
Motiven von © nitrup / thinkstock
Satz: te•ha grafik, draenn@gmail.com
Druck und Bindung: OAN, Zwenkau

www.ansata-verlag.de

Inhalt

1

WAS IST HUNA WIRKLICH?

Vor allem ein Lebensgefühl!

Do more than belong: participate.
Do more than care: help.
Do more than believe: practice.
Do more than be fair: be kind.
Do more than forgive: forget.
Do more than dream: work.

Tu mehr, als dazu zu gehören: Beteilige dich.
Tu mehr, als dich zu kümmern: Hilf.
Tu mehr als zu glauben: Praktiziere.
Tu mehr als fair zu sein: Sei gütig.
Tu mehr als zu vergeben: Vergiss.
Tu mehr als zu träumen: Verwirkliche.

William Arthur Ward

Aloha!

Wir betreten Neuland. Wir folgen einer Vision, die wir zwar in den Träumen schon erlebt haben, die sich jedoch in unserem wirklichen Leben noch nicht manifestiert hat. Und dennoch kennen wir alle diese Ebene und sehnen uns nach dieser unserer Heimat zurück. Wir träumen von Glück. Von einem erfüllten, harmonischen Leben voll Freude – wir träumen von der perfekten Partnerschaft, dem supertollen Job, von Geld, frohen Kindern, wir möchten die ewige Gesundheit und Fitness, wir träumen unsere ganz persönliche Freiheit. Wie immer sie auch aussehen mag.

Eine reelle Chance, all das im Leben zu integrieren, liegt in der Huna-Glücksformel. Die Einladung, eine Glücksformel kennenzulernen, bahnte sich an, als mein Leben (Petra) eine sehr glückliche Wendung erfuhr. Lange schon hab ich solche Momente herbeigesehnt, dafür gebetet, mich vorbereitet, die nötigen Reinigungen durchgeführt, ich habe gelesen, meditiert, mich auf vielen Seminaren immer besser kennengelernt … bis ich eines Tages – scheinbar wie von selbst – diese lichtvollen Momente wahrgenommen habe, die dann eine glückliche Wendung in meinem Leben nach sich zogen.

Auf einmal wurde alles ganz einfach, und es ist weiterhin ganz einfach. Und genau das möchten wir dir hier vermitteln: Das Glück beginnt mit der Liebe zu dir selbst. Mit dem Eintauchen in dein Innerstes, mit der bedingungslosen Annahme von allem, was dich ausmacht. Mit der Liebe zu deinem Körper, der Annahme deiner Gefühle und deiner Gedanken. Dazu gehört auch eine Gefühls- und Gedankenhygiene. Eine leichtere und fröhlichere Lebenseinstellung ergibt sich dann ganz wie von selbst. Genau dann passieren die Wunder, die sich täglich bei immer mehr Menschen auf der Erde einstellen.

Die Reise zu einem erfüllten, glücklichen Leben beginnt im Augenblick deiner bewussten Entscheidung für ein erfülltes, glückliches Leben. Im Augenblick dieser Entscheidung, in diesem heiligen Moment, liegt ein besonderer Zauber. Die kostbare Weisheit und ein praxisorientiertes Heilwissen aus Hawaii tragen dann auf besonders wirksame Weise zur Verwirklichung deiner Wünsche bei. Dieses wunderbare Geheimnis nennt man Huna. Es ist etwas, das dich, wenn du auch zwischen den Zeilen zu schöpfen weißt, deinem Selbst und deinem Glück näherbringt.

Stell dir vor, du könntest jetzt, in diesem Augenblick, in dem du das Buch in der Hand hast, in eine andere Welt eintauchen. In eine Welt, von der du schon immer geträumt hast. In deine ganz persönliche Realität, in der du dich wohlfühlst, in der du all die Dinge tun kannst, die dir gefallen und die dich erfreuen. In eine Ebene, die es dir erlaubt, dich selbst zu fühlen und deine innere Zufriedenheit zu spüren. Eine Welt, die aus deinen Träumen nur für dich kreiert wird.

Vielleicht hilft dir eine Vision von Hawaii mit all ihrer Schönheit und kostbaren Energie. Du spürst den wärmenden Sandstrand unter deinen Füßen, der gleichmäßige Wellenschlag des Wassers lädt dich in einer idyllischen Bucht zum Träumen ein. Du hörst von Weitem die sanften Lieder, die von alten Mythen und Sagen erzählen. Du lässt dich tragen von der sanft-schwingenden Energie, die dich umgibt. Du bist bereit, deinen Verstand für einige Momente zu vergessen, die Seele baumeln zu lassen und einzutauchen in eine innere Welt, die nur dir gehört. Hier ist dein ganz persönliches Paradies. In diesem magischen Augenblick gestaltest du deine eigene Welt, so wie du sie willst.

Stell dir weiter vor, du könntest jetzt auch dein Leben so kreieren, wie du es schon immer haben wolltest. Die Kulisse, der herrliche Sandstrand von Hawaii, hilft dir dabei. So, als hättest du jetzt Urlaub, genießt du die freie Zeit, lässt dich von der sanften, liebevollen Energie tragen und bist bereit für ein neues Leben, das du dann »zu Hause« realisieren wirst. Während du weiterhin träumend auf Hawaii deinen Urlaub genießt, gestaltet sich deine Vision.

Die Ebenen vermischen sich. Du bist zu Hause, liest auf der Couch dieses Buch oder bist irgendwo unterwegs – und zeitgleich mit deinen Gedanken auf Hawaii. Alles ist gleichzeitig möglich. Die Ebenen beginnen sich zu vereinen und du träumst deinen Traum weiter.

Du lässt deiner Fantasie freien Lauf, während du wie von Ferne die Hula-Tänze betrachtest, den farbenfrohen Sonnenuntergang, die grenzenlose Weite … Alles ist da in diesem Moment, und du schöpfst weiter und kreierst glückliche Augenblicke, die sich ausdehnen und reeller werden – so lange, bis du nicht mehr weißt, ob du nun zu Hause oder woanders bist.

Du spürst – du bist noch immer auf Hawaii. Du bewunderst die grünen Hänge und farbenfrohen Blüten, ein süßer Duft, getragen von heiliger Anmut, durchwebt deinen Raum. Du öffnest dich weiter für die Schönheit – bunte Lichter, weiche Wärme und wohlige Stille vereinen sich in dir. Und genau in diesem gesegneten Moment erlaubst du dir, dich selbst neu zu entdecken. Du bist bereit, dein Herz zu erkunden. Du erlaubst dir, dich neu zu schöpfen.

Du bist in diesem Moment dabei, das Glück für dich zu finden. Du brauchst nur noch einen klitzekleinen Schritt weiterzugehen und dich für dein Glück entscheiden. Das ist alles.

Stell dir weiter vor, du bräuchtest jetzt nichts mehr zu tun als einfach das Buch, das du in der Hand hältst, aufmerksam zu lesen und die Weisheit von Huna in dein Herz einfließen zu lassen. Es könnte eine gute Fee sein, die dich einlädt, dein Leben positiver zu gestalten. Oder Engel säumen deinen Weg und lassen dich deine Visionen verinnerlichen. Vielleicht helfen auch die Meister von Huna, die Kahunas, dabei. Wahrscheinlich ist es jedoch deine eigene Fähigkeit, die in dir ruht, dein Leben zu verändern. Du hast die Kraft und den Mut und wirst begleitet vom Segen des Universums. Du brauchst nun nur noch mit offenem Herzen die Huna-Glücksformel in dein Leben zu integrieren.

Der Zauber der Veränderung beginnt mit dem ersten Schritt, den du jetzt wagst. Du hast den Mut, deinem Leben eine glückliche Wendung zu geben, und spürst die aufkeimende Freude in dir. Und genau in diesem Moment beginnt die Transformation – denn der segensreiche Zauber aus Hawaii berührt dein Herz.

Wir wünschen dir viel Kraft und Freude und möchten dich einladen, dieses Wunder in dir zu erleben und im Alltag zu verwirklichen. So wie es uns viel Glück gebracht hat, dieses Buch zu schreiben, wird der »Regen des Segens« ebenso glückbringend auf dich herniederfallen. Möge dein Weg gesegnet sein und sich die Weisheit deines Herzens offenbaren. Mögest du die Liebe zu dir und deiner Seele erfahren.

AU MAMAUANOA …
LELEWALEAKUA LA.
MAHALO!

Das Gebet erhebt sich und fliegt.
Lass den Regen des Segens herniederfallen.
Danke!

2

Glück im Leben und in der Welt

Glück im Huna

Im Huna ist Glück nicht etwas, das dir vom Himmel einfach so zufällt, auch keine Chance, die du von irgendjemandem scheinbar planlos bekommst. Huna erklärt dir, dass du für dein Glück selbst etwas tun kannst. Ja, die Meister von Huna fordern dich sogar auf, dein Glück zu kreieren.

Wenn du dich bereits in einer sehr positiven Situation befindest, lädt es dich ein, dieses Glück in dir noch zu mehren, diesen Zustand noch länger und intensiver zu halten und diese Energie in alle Lebenssituationen hinein auszuweiten. Glück ergibt sich nach Ansicht von Huna nicht aufgrund eines Zufalls, sondern Glück ist ein selbstverständliches Geburtsrecht. Grund genug, sich näher mit dem »großen Geheimnis«, wie man »Huna« auch übersetzen kann, zu befassen.

Du brauchst ein starkes inneres Selbst, einen starken Charakter, um glücklich zu sein. Glückliche Menschen sind ruhig. Sie sind zentriert und in ihrer eigenen Mitte. Sie sind zufrieden mit sich und ihrem Leben. Sie haben eine Aura der Liebe um sich herum, wirken anziehend und sind zugleich ganz unspektakulär in ihrem Frieden. Sie genießen ihr Glück, wohlwissend, dass sie eine besondere Begünstigung im Leben erfahren – die aber alle Menschen erleben könnten! Und sie pflegen diese Gefühle. Glückliche Menschen können fröhlich sein, auch wenn sie sich in einer scheinbar widrigen Situation befinden. Sie haben Zugang zu ihrem Innersten und zu ihrer Seele gefunden und lieben sich selbst.

Um glücklich zu sein, bedarf es aber eines wichtigen Schrittes:

Du musst dich dafür entscheiden.

Glück kann sein, dich von einer Krankheit zu erholen, dem Traumpartner begegnet zu sein, in der Lotterie gewonnen zu haben, den lang ersehnten Nachwuchs nun tatsächlich zu erwarten, einen erfolgreichen Job zu bekommen, einen sportlichen Erfolg zu verbuchen oder spirituelles Wachstum zu erleben. Glück kannst du auch in all den kleinen Dingen im Alltag spüren, eine Blume am Wegesrand, die dich berührt, ein schönes Musikstück, das dich an besondere Stunden erinnert. All diese glücklichen Begebenheiten und Umstände wirst du zunächst dankbar annehmen. Und genießen.

Und nun kommt die Weisheit von Huna zum Tragen. Dieser besondere Zustand, dieses Glück, diese besondere Energie will nun in den Alltag integriert werden und dort weiter ausgebaut werden. Es darf ruhig mehr sein, meinen die Kahunas, die Meister des hawaiianischen Schamanismus. Sie laden dich ein, diesen Zustand auszuweiten, diese Energie in alle Lebenssituationen zu übertragen, auszudehnen, tiefer einzutauchen und noch mehr und inniger das Glück zu genießen.

Und damit beginnt dein eigener Prozess, dein Glück selbstständig zu kreieren. Du darfst lernen, niemandem mehr zu erlauben, diesen besonderen Zustand von Glück zu zerstören. Du wirst dich so sehr lieben, dass es deine ganz persönliche Lebensaufgabe wird, für dich so sehr und so gut zu sorgen, dass du immer und unter allen Lebensbedingungen dieses Glück in dir spürst.

Glück in Gesellschaft und Kultur

Ein Blick in andere »nicht spirituelle« Bereiche. Ist das Leben eine schier unendliche Suche nach Glück? »Irgendwo auf der Welt ist ein kleines bisschen Glück …« So sangen es die Comedian Harmonists in den Zwanzigerjahren des vorigen Jahrhunderts. Aber wo um aller Welt ist dieses bisschen Glück? Am Kirschbaum in Nachbars Garten? Am Ende des Regenbogens, wo der legendäre Topf voller blitzender Goldstücke auf den Glückspilz warten soll?

Der Hans im Märchen ist auf der Suche nach dem Glück – er beginnt bekanntlich mit einem Klumpen Gold,

den er gegen ein Pferd eintauscht, das er für eine Kuh hergibt, die er für ein Schwein tauscht, das er für eine Gans weggibt, die er schließlich um ordentliche Wetzsteine eintauscht. Als er an einem Brunnen rastet, fallen die schweren Schleifsteine hinein.

Hans wird jedoch keineswegs verdrießlich, sondern glücklich, dass ihm endlich die drückende Last genommen wurde, die er in Form der Wetzsteine mit sich herumschleppte. Er ruft: »So glücklich wie ich, kann kein anderer Mensch unter der Sonne sein.« Frohgemut und leichten Schrittes, befreit von aller Bürde, eilt er nach Hause.

Was ist Glück eigentlich?

Etwas zu haben oder nichts zu haben? Ein Haben von Dingen oder ein selbstverständliches, in sich ruhendes Sein? Ist Glück, die Welt da draußen zu erfahren, oder eher, endlich wieder heimzukommen? Ist Glück vielleicht immer beides im Wechsel? Eine eigentümliche Kraft treibt uns voran auf einer Suche – und oft genug wissen wir noch nicht einmal, wonach wir suchen.

Huna, der von Hawaii und Polynesien inspirierte Weg der Weisheit und der Freude, der Liebe und der Erfüllung, kann auf diese und ähnliche Fragen sinnvolle, oft verblüffend einfache und praktische Antworten geben. Ja, es gibt sogar eine »Huna-Glücksformel«! Bevor wir uns dieser Huna-Glücksformel widmen, sie näher beschreiben, wirksame Übungen und berührende Rituale dazu anbieten, wollen wir noch etwas tiefer erforschen, was Glück alles bedeuten könnte und wie Glück und bewusstes Leben zusammenhängen. Wir brauchen dazu keine philosophischen und auch keine psychologischen Wissenschaftsbegriffe (die es selbstverständlich gibt) und auch keine metaphysisch überhöhten Patentrezepte (wie sie oft genug feilgeboten werden). Persönliche Lebenserfahrung und schlichte Sprache reichen vollkommen aus.

Annäherungen daran, was Glück sein könnte

Was halten Sie von den folgenden Aussagen, die unterschiedliche Facetten von Glück beleuchten?

- Glück ist, wenn wir im Lotto gewinnen.
- Glück ist ein anderes Wort für Anpassung.
- Glück ist ein Hochgefühl, von dem man wünscht, es möge andauern.
- Die Hochgefühle von Glückszuständen unterscheiden Glück von Zufriedenheit.

- Glück ist ein flüchtiger Gast.
- Glück ist ein erfülltes Leben.
- Glück ist, anderen Lebewesen helfen zu können, heilen zu dürfen.
- Glück ist Freundschaft, Familie, Kreativität.
- Glück ist ein Höhepunkt, eine Euphorie, wie ein Orgasmus, jedoch kein Dauerzustand.
- Glück ist Zustand des inneren Gemütsfriedens, der Seelenruhe.
- Glück ist ein Wunsch, dessen Erfüllung während des Lebens auf der Erde nur kurzzeitig möglich ist.
- Glück ist bewusste Einswerdung von persönlichem und überpersönlichem Sein.
- Glück sind Zufälle, die aus heiterem Himmel etwas Gutes bringen oder vor etwas Üblem schützen.
- Glück ist … (Tragen Sie ruhig hier im Buch ein, was Ihnen selbst jetzt in den Sinn kommt.)

Glücksforschung

Seit Aristoteles ist Eudaimonia ein in der Philosophie gern gebrauchter Begriff, um das Gedeihen bzw. das Gelingen von Leben und Lebensführung zu bezeichnen. Damit verbindet man dann die Empfindungen von Glück, Glückseligkeit und seelischem Wohlbefinden.

Der US-amerikanische Psychologe Abraham Maslow hat mit seiner Bedürfnispyramide ein Modell angeboten, in dem man Glück hierarchisch recht weit oben ansiedeln müsste. Unten an der breiten Basis sind körperliche Bedürfnisse, soziale Bedürfnisse und so fort; weiter oben individuelle Bedürfnisse. Ganz oben steht Selbstverwirklichung.

Der Forscher und Autor Mihaly Csikszentmihalyi hat den englischen Begriff des Flow in die Diskussion eingeführt, um damit ein Fließen und Strömen in einem Schaffensrausch oder bei einer Aktivität zu beschreiben, das zwischen den Polen von Angst durch Überforderung und Langeweile durch Unterforderung eine Art von Glücksgefühl entstehen lässt.

Gedeihen und Gelingen des Lebens, Selbstverwirklichung, im kreativen Fluss sein – das sind sicher wichtige Aspekte von Glück und Glücksempfinden.

Da vermutlich jeder Mensch glücklich sein will, suchen und forschen Menschen seit jeher nach Formeln und Rezepten. Beim Backen ist es vergleichsweise einfach, ein Rezept zu finden und mit einer Prise Liebe auch einen guten Kuchen zu backen. Der amerikanische Psychologe Edward

F. Diener (»Glücklich ohne Grund«) forscht und veröffentlicht seit gut 25 Jahren zum Thema Glück, das er jedoch *subjective well-being* nennt, also etwa »subjektives Wohlbefinden«. Mit 260 Fachartikeln und zahlreichen Büchern, die in mehr als 30 000 wissenschaftlichen Arbeiten wieder zitiert werden, ist er derzeit der vielleicht wichtigste akademische Glücksforscher. Er vertritt etwas, was man »Positive Psychologie« nennt.

Diener spricht von vier Zutaten, die Menschen zum persönlichen Glück brauchen:

- Eine Aufgabe, die sie kompetent erfüllen.
- Nahe soziale Bindungen zu anderen Menschen.
- Ab und zu etwas Neues, das das Leben bereichert.
- Spiritualität (hier: die Überzeugung, Teil eines sinnvollen größeren Ganzen zu sein).

Aber es gibt noch viel mehr Ansichten.
Glück beginnt im Körper, im Hier und Jetzt, bei mir selbst: Der Biophysiker Stefan Klein (»Die Glücksformel oder Wie die guten Gefühle entstehen«) bezieht Glück und Glücksgefühle überwiegend auf ein körperliches Wohlbefinden, das durch Abbau von Stress, sinnliche Freuden, Vorfreude auf einen schönen Urlaub oder angenehme Erinnerungen ausgelöst wird.

Lächeln macht glücklich: Positives Denken und Lächeln sind wesentliche Zutaten zum Glück, aber nur, wenn sie aus dem Herzen kommen. So der amerikanische Anthropologe Paul Ekman bereits Ende der 1960er-Jahre.

Glück kann man/frau steuern: Die kalifornische Psychologin Sonja Lyubormirsky (»Glücklich sein: Warum Sie es in der Hand haben, zufrieden zu leben«) meint, die Grundlagen oder Ursachen von Glück prozentual angeben zu können: 50 Prozent unseres Glücks hängen demnach vom Erbgut ab, von genetischen Anlagen. 10 Prozent haben mit Umständen und Zufällen zu tun. Aber immerhin 40 Prozent unseres Glücks beruhen auf unserem eigenen, bewussten und absichtsvollen Handeln. Sie und andere Wissenschaftler meinen, dass es jedem Menschen möglich ist, sein Gehirn bis ins hohe Alter zu trainieren, von »negativen« Einstellungen und Mustern freizuräumen und bei einer auf Freude ausgerichteten Haltung zu bleiben, bei glücklichen Einstellungen.

Glück oder Zufriedenheit? Buddhisten verstehen unter Glück meist Zufriedenheit oder »zum Frieden finden«. Mit regelmäßigen Achtsamkeitsübungen und Meditationen streben sie einen Frieden an, bei dem sie mit dem glücklich sind, was ist. Lieben und Sein sind die Zutaten dieser einfachen Glücksformel.

In der Soziologie kommt zum Lieben und zum Sein noch das Haben als dritter Glücksfaktor hinzu. Jeder Mensch gibt diesen drei Faktoren ein anderes Gewicht, aber ohne Liebe = soziale Beziehungen, Sein = erfüllte Lebensgestaltung und Haben = Erfüllung materieller Bedürfnisse gibt es keine Zufriedenheit im Leben. Hier sehen wir schon, wie schwierig, aber auch wie wesentlich die Unterscheidung von Glück und Zufriedenheit sein kann. Wir kommen später bei der Huna-Glücksformel darauf zurück, wie Herzschamanen das spüren und leben.

Insgesamt aber ganz schön unterschiedliche Ansichten, nicht wahr? Im Huna sind all diese psychologischen, philosophischen und spirituellen Ansätze schon vor langer, langer Zeit in Einsichten geflossen, die zusammen genommen die Huna-Glücksformel bilden, der wir selbstverständlich den Hauptteil unseres Büchleins widmen. Wir finden es jedoch wichtig, Bezüge zu anderen Disziplinen, Denkschulen und Kulturen aufzuzeigen. Kommen wir daher jetzt auch zur Bedeutung des Wortes »Glück«.

Glück = guter Ausgang?

Das deutsche Wort »Glück« ist aus den sprachlichen Vorläufern gelucke bzw. gelücke entstanden, die ab dem 12. Jahrhundert im mittelniederdeutschen bzw. mittelhochdeutschen Sprachgebrauch üblich waren. Das sagt wenigstens unser Lexikon. Diese alten Worte meinten, »günstige Art, wie etwas ausgeht« oder »gutes Ende«. Das erinnert an den Hans im Glück, dessen Geschichte – aus seiner Sicht! – einen sehr guten Ausgang fand.

Im Deutschen assoziiert man mit Glück gern Zufall, eine »Beglückung«, ohne etwas dafür tun zu müssen oder tun zu können, eine Begünstigung, die nicht auf eigenem Verdienst beruht. Allerdings weiß schon der Volksmund: »Jeder ist seines Glückes Schmied.« Demnach haben wir schon irgendetwas auch selbst in der Hand. Huna meint übrigens: Wir haben alles selbst in der Hand.

Noch ein kurzer Streifzug durch naheliegende Begriffe und Stimmungen. Im Englischen unterscheiden wir zwischen *to be lucky,* was »Glück haben« bedeutet, und *to be happy,* was »glücklich sein« bedeutet. Im Lateinischen finden wir *fortuna* und *felicitas,* das von außen geschenkte Glück und die innere Glückseligkeit.

Dem äußeren Glück helfen wir mit Glücksbringern und Glückssymbolen nach – und warum nicht, wenn sie doch dabei unsere eigene Bereitschaft, Glück zu haben und glücklich zu sein, aktivieren und stärken. Vom vierblättrigen Kleeblatt über das Hufeisen hin zum Glücksschweinchen und Schornsteinfeger, vom Marienkäfer über die Hasenpfote hin zum Glücksstein – was gibt es nicht alles, was glücksverheißend »aufgeladen« sein oder werden könnte? Und schließlich sprechen wir manchmal von einer Glückssträhne, wenn mehrere erfreuliche Ereignisse in dichter Zeitfolge passieren.

Glück als Sache von Staat und Gesellschaft

Das Streben nach Glück wird in der Unabhängigkeitserklärung der Vereinigten Staaten zu einem von drei Grundrechten des Menschen erklärt, neben Leben und Freiheit. Das Streben nach Glück genießt damit sozusagen Verfassungsrang!

Wörtlich heißt es: *We hold these truths to be self-evident, that all men are created equal, that they are endowed by their Creator with certain unalienable Rights, that among these are Life, Liberty and the pursuit of Happiness.*

Wenn wir heute *pursuit of Happiness* modern als »Streben nach Glück« übersetzen, wurde es damals in der deutschsprachigen Zeitung »Pennsylvanischer Staatsbote«, die in Philadelphia erschien, noch so übertragen: »Wir halten diese Wahrheiten für ausgemacht, daß alle Menschen gleich erschaffen worden, daß sie von ihrem Schöpfer mit gewissen unveräußerlichen Rechten begabt worden, worunter sind Leben, Freyheit und das Bestreben nach Glückseligkeit.«

Nun könnten wir meinen: »Na ja, die Gründerväter der USA waren vielleicht verstaubte Idealisten und utopische Freimaurer, aber Glück hat doch nichts mit Staat und Gesellschaft zu tun.« Solche Gedanken werden ja angesichts der Tatsache, dass Glück für eine überwältigende Mehrheit viel oder zumindest »mehr« Geld bedeutet, nicht überraschen können. Und doch gibt es Bestrebungen, dagegen anzugehen. Und zwar vom anderen Ende der Erde – von Hawaii aus betrachtet – in Bhutan, einem kleinen buddhistisch geprägten Land im Himalaja.

Siebter Himmel im Himalaja: Die Glücksformel von Bhutan

So lautete der Titel einer Fernsehdokumentation, die am 7. April 2013 auf 3SAT lief. Im Begleittext zur Sendung hieß es: »Kein zügelloses Streben nach Fortschritt, sondern ein friedliches Leben in Balance mit Tradition und Natur, selbst unter Verzicht auf den einen und anderen Standard der Moderne. Diese Losung hat der alte König von Bhutan ausgegeben und das Staatsziel ›Bruttonationalglück‹ in der Verfassung des kleinen Himalajastaates festgeschrieben.«

Die OECD, die internationale Organisation für wirtschaftliche Zusammenarbeit, sucht derzeit nach einem menschlicheren Maßstab für Wohlstand als nur das Bruttosozialprodukt, das verfügbare monatliche Einkommen, und ähnlichen »Messlatten« für Wohlbefinden von Menschen. In Deutschland wurde 2011 eine besondere Kommission eingesetzt, eine Alternative zur Messlatte des Bruttosozialprodukts zu finden, das bekanntlich nur, wenn es wächst, mehr (vermeintlichen) Wohlstand (= Wohlbefinden?) anzeigt. Siebzehn Abgeordnete aus allen Bundestagsparteien und siebzehn Experten sitzen zusammen, um neue Maßstäbe für Wohlstand zu definieren, die über »Wachstum« und »Fortschritt« hinausgehen.

Und da ist nun das kleine Bhutan zu einem leuchtenden Vorbild geworden. Es hat zwar weniger als ein Prozent der Einwohner von Deutschland – knapp 800 000 zu gut 80 Millionen. Aber es hat den Verkünder eines neuen Staatsziels, des »Bruttosozialglücks« hervorgebracht. Das BSG, also das Bruttosozialglück im Unterschied zum BSP, dem Bruttosozialprodukt, und zum BIP, dem Bruttoinlandsprodukt, wurde bereits 1979 vom damaligen König von Bhutan geprägt, Jigme Singye Wang-

chuck. Er wollte mit diesem Begriff deutlich machen, dass Bhutans einzigartige Kultur und die Verwirklichung seiner buddhistischen Werte für alle Menschen wichtiger seien als abstrakte Wirtschaftskennzahlen. Und der Glücksforscher und Vater der praktischen Verwirklichung von Bruttosozialglück, Fürst Dasho Karma Ura, kümmert sich heute darum, dass dieses Glück auch »vermessen« wird.

Hintergrund zu diesem wirklich aufsehenerregenden Ansatz ist die Überzeugung, dass Himmel und Erde besser zusammenfinden, wenn man Glück definiert und misst. Es gibt vier Tragpfeiler des Bruttosozialglücks:

- die Förderung einer sozial gerechten Gesellschafts- und Wirtschaftsentwicklung,
- Bewahrung und Förderung kultureller Werte,
- Schutz der Umwelt,
- gute Regierungs- und Verwaltungsstrukturen.

Bruttonationalglück kann man naturgemäß nur schwer objektiv messen. Viele subjektive Werte und Urteile fließen dabei mit ein. Aber das ist auch der Fall bei den üblichen Wirtschafts- und Sozialmodellen. Bereits die Tatsache, dass der Begriff eingeführt und das Staatsziel von Bruttosozialglück überhaupt vorgegeben wurde, gibt einen konstruktiven Rahmen vor. Wer immer kann, sollte sich die 3SAT-Sendung in der Mediathek des Senders einmal ansehen.

Leider ist dieser Ansatz bei uns zu noch gar keinem wichtigen Teil einer gesellschaftlichen Debatte darüber geworden, wie denn unser aller Alltagsleben aussehen könnte und sollte. Das ist in zwei anderen Ländern, sogenannten Entwicklungsländern, durchaus geschehen. Ecuador und Bolivien haben sogenannte indigene Prinzipien verkündet und zu einer Leitlinie ihres politischen Handelns gemacht. Unter dem Begriff *Sumak kawsay* (»gutes Leben«) sind sie in Ecuador 2008 und in Bolivien 2009 in die jeweilige Verfassung geschrieben worden. Durchaus eine zeitgemäße Form des »Strebens nach Glück«, nicht wahr?

In London gibt es ein *New Economic Foundation's Centre for Well-Being*, das unter anderen einen *Happy Planet Index* erstellt, in dem die Lebenserwartung und Zufriedenheit einer Bevölkerung in Bezug gesetzt wird zum Verbrauch an natürlichen Ressourcen (Stichwort »ökologischer Fußabdruck«). Da stehen Länder wie Costa Rica und Vietnam sehr weit oben, die USA weit hinten, die deutschsprachigen Länder liegen im Mittelfeld. Allerdings: Dieser »Index des glücklichen Planeten« misst nicht, welche Menschen am glücklichsten sind, sondern welche Menschen im Verhältnis zu ihrem jeweiligen Lebensglück am wenigsten oder am meisten natürliche Ressourcen verbrauchen – und damit das Lebensglück folgender Generationen vielleicht schmälern.

Das Leben als Bühnenspiel oder als Reise zum Sinn?

»Die ganze Welt ist Bühne – und alle Frauen und Männer sind nur Spieler. Sie treten auf und gehen wieder ab.« Das lässt der englische Dichter William Shakespeare (1564–1616) eine Figur in seiner Komödie »Was ihr wollt« sagen. Und weiter heißt es, dass jeder Mensch viele Rollen übernimmt und sieben Lebenszeiten hindurch agiert (Shakespeare sprach hier leider nur aus männlicher Sicht): als hilfloses Baby; als heranwachsendes Schulkind; als jemand, der zum ersten Mal die Liebe entdeckt; als Soldat, der nach Ehre sucht; als ehrenwertes und gut genährtes Mitglied der Gesellschaft, das einem bürgerlichen Beruf nachgeht; dann als altersweiser Mann, dessen Kräfte nachlassen; schließlich als wieder ziemlich hilfloser, zahnloser und fast blinder Greis.

Ist das Leben wirklich eine Bühne? Wie viele Lebensabschnitte haben Sie bisher erfahren? Und wie würden Sie diese einteilen und benennen? Schon diese Überlegung kann zu einem wichtigen Ausgangspunkt für bewusste und wirksame Lebensgestaltung werden!

Woher kommen wir? Wohin gehen wir? Warum sind wir hier? Wie erfahren wir unsere Fahrt durch dieses Leben? Sind es vielleicht diese Fragen, die wir uns alle immer wieder einmal stellen, die uns auf der Lebensreise vorantreiben? Viel mehr als zu einem anderen Zeitpunkt in der Menschheitsgeschichte wird heute jede und jeder Einzelne von kosmischen Energien und von Geistwesen eingeladen, sich spirituell weiterzuentwickeln, die eigene Ganzheit und Meisterschaft zu erkennen und zu leben, zu einem Kanal für Heilenergie zu werden und Botschaften aus der Geistigen Welt durch sich selbst fließen zu lassen.

Mystische Reisen an Orte der Kraft, wo sich der Mensch neu besinnen kann und sich mehr auf sein Innerstes sowie auf die schöpferische Lebenskraft ausrichtet, wirken oft wie entscheidende Wendepunkte für mehr Erfüllung und Lebensfreude.

Dieser Ausflug in die Betrachtungsweisen von Glück und Leben auf der Ebene von Staat, Gesellschaft, Wirtschaft, Wissenschaft, Ökologie und Psychologie sollte zeigen, dass Glück kein »esoterisches Gewölk« ist, keine nostalgische oder sentimentale Tagträumerei. Glück, das Streben nach Glück, die Fragen, was Glück individuell und kollektiv bedeuten könnte, bewegt viele Menschen und immer mehr auch größere Institutionen.

Nach dieser Einordnung widmen wir uns nun ganz dem Glück auf der persönlichen Ebene, und wir werden feststellen, was Huna dazu beitragen kann. Und dazu steigen wir in die Frage nach dem Lebenssinn ein. Ist Glück eine Emotion, eine quasi automatische Reaktion des Gehirns auf äußere oder innere Reize? Diese Ansicht vertreten heutzutage viele Hirnforscher. Oder ist Glück nicht eher, wie wir es in der Philosophie finden, vor allem ein Wort für »ein Leben, das gelingt«?

3

Huna: Vor der Welle surfen

Was Glück mit dem Mut zu tun hat, ein Bewusstseinspionier zu sein

Wir haben nun viel über Glück erfahren, die Bedeutung für uns und die Gesellschaft durchleuchtet, und du hast dir sicher schon Gedanken gemacht, wie du Glück in dein Leben einbinden und vermehren kannst.

Glück ist kein Zufall – Glück will für möglich gehalten werden, wir müssen es wollen und uns dafür öffnen. »Um glücklich zu sein, braucht der Kosmos deine Entscheidung dafür», lautet eine Erklärung im Huna dazu. »Ganz einfach«, wirst du vielleicht denken, »natürlich will ich glücklich und zufrieden sein, selbstverständlich möchte ich ein Leben in Harmonie, Gesundheit und Wohlstand leben, es steht außer Frage, dass ich für mich das Beste will.« Diese Argumente hören wir immer wieder, wenn wir über Glück sprechen.

Jeder von uns hat es verdient, jeder Mensch möchte sich und andere gern im Glück sehen, und wir freuen uns riesig, wenn wir glücklichen Menschen begegnen und uns in ihrer Nähe aufhalten können. Glück wirkt dabei wie ein Magnet, es expandiert und breitet sich

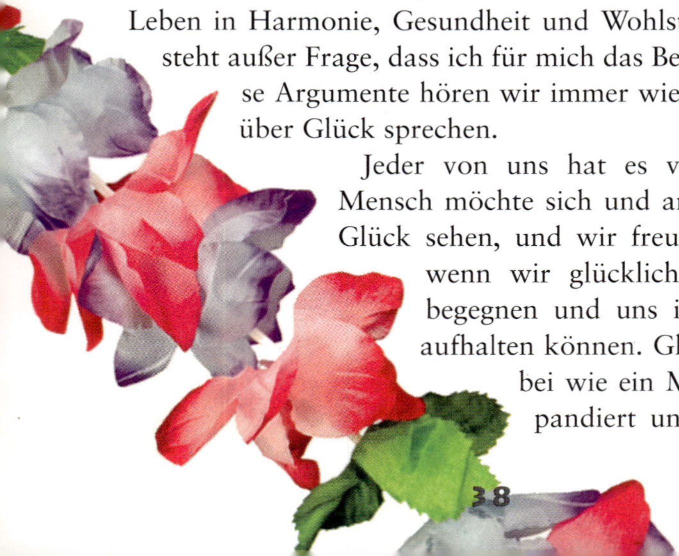

aus, wenn wir uns dafür entscheiden. Es bedarf deiner Klarheit für dich und dein Leben, du solltest es dir wert sein, dich glücklich zu fühlen.

Glück wird mehr, wenn es geteilt wird, es potenziert sich auf wunderbare Art und Weise. Geteiltes Glück ist verstärktes und vervielfältigtes Glück. Denken wir an feierliche Anlässe wie Hochzeiten oder Taufen. Wie sehr freuen wir uns beim Anblick der verliebt-verpeilten Pärchen, die wie von einem anderen Stern oder einer anderen Welt, alles um sich herum vergessen und nur den Augenblick der Liebe ausdehnen! Wie berührt uns das sanfte Lächeln einer frisch gebackenen Mutter, die zum ersten Mal ihr Baby im Arm hält. Wie gern bewegen wir uns im Umfeld eines in sich ruhenden und zufriedenen, weisen Menschen, der aus seinem Leben mit Erfahrung und voller Freude und Demut erzählt. Wie kann uns ein einfacher Mönch, wie sich der Dalai Lama gern bezeichnet, auch von Ferne und ohne ihn zu sehen, glücklich machen?

Glück will sich ausdehnen und die Herzen erfreuen. Darin liegen Sinn und Botschaft für uns. Auch wenn wir zunächst nicht direkt davon betroffen sind, freuen wir uns doch über das Glück der anderen mit. Selbst bei »hartgesottenen Kerlen«, verstandgeprägten Managern oder gut durchtrainierten Sportlern sehen wir ab und zu die Freudentränen in den Augen, wenn diese Menschen Situationen erleben, die ihnen ans Herz gehen und sie im Innersten berühren. Wir erleben diese Momente dann auch als besonders intensiv und wohltuend. Und nicht selten sitzen wir vor dem Fernseher und weinen Tränen der Freude einfach mit. Weil es so schön ist und dieses Glück geteilt werden will.

Andererseits gibt es manchmal aber auch nichts Schlimmeres, als mit einem erfreulichen Ereignis oder einem Glücksgefühl ganz allein zu sein. Wir denken da an Neid und Missgunst mancher Mitmenschen, die es sich noch nicht erlauben, selbst Glück zu fühlen, oder die dem Irrtum unterliegen, Glück sei nur gepachtet oder würde nur besonderen Menschen zur Verfügung stehen oder nur in ganz kleinen Portionen für sie da sein und nur ganz selten.

Zum Glück ist dem nicht so. Huna fordert uns immer wieder auf, unser Leben selbst in die Hand zu nehmen und die Freude täglich in uns zu mehren. Und je mehr wir dies in uns empfinden, desto stärker und intensiver wird sie. Das ist die Magie des Glücks.

Was tun Menschen eigentlich, die sich glücklich fühlen? Wie gelangen sie zu ihrer Zufriedenheit? Was unterscheidet sie von anderen, nicht so glücklichen Menschen? Und – wiesollen oder können wir uns glücklich fühlen, wenn die eine oder andere Lebenssituation gerade jetzt alles andere als positiv für uns ist? Wie sollen wir uns dann in dieses Gefühl hineinbegeben, wenn wir uns gerade unglücklich fühlen? Diese Frage wird sich früher oder später stellen.

»Ein Meister erschafft sich seine Gefühle«, antworten die Kahunas auf solche Herausforderungen.

»Die haben es gut«, meinte ich (Petra) trotzig, als ich das erste Mal von diesem Grundsatz gehört habe. »Tja, die Kahunas sitzen auf Hawaii, träumen so vor sich hin, tanzen Hula, schwimmen mit den Delfinen, flechten Leis (Blumenkränze), essen nur gutes Obst und haben so überhaupt keine weltlichen Probleme«, wollte mich mein Kopf überzeugen. »Also können die leicht glücklich sein. Sie haben keine finanziellen Lasten, leben in einem Naturparadies und haben es leicht, ihr Leben in Zufriedenheit zu führen. Das ist ganz einfach. Aber bei uns, in Europa, mit unseren ganzen Begrenzungen, geht das eben nicht.« So dachte ich völlig ahnungslos.

Dem ist nämlich nicht so. Denn auch die Kahunas führen ein ganz »normales« Leben mit allen Herausforderungen und Unwägbarkeiten, genauso wie wir es hier im verstandesorientierten begrenzten Westen tun. Der einzige, aber entscheidende Unterschied, weshalb sie sich glücklich und zufrieden fühlen, liegt darin, dass sie anders mit den jeweiligen Situationen umgehen, dass sie sie anders erleben. Sie zählen zu den alten, weisen Seelen der neuen Zeit. Sie sind Pioniere des Bewusstseins. Sie leben ihr Glück aus dem Moment heraus. Und sie fordern dich auf, es ihnen gleichzutun.

In jeder Kultur und zu allen Zeiten gab und gibt es Menschen, die anders sind als die Masse. Diese Revolutionäre erlauben sich, freier zu denken, gestatten sich, andere Wege zu gehen, denken quer und ordnen sich manchen Reglementierungen nicht unter. Sie stehen hinter sich selbst und zu sich selbst, sie wissen um die Weisheit ihrer Seele und wagen, eigene Entscheidungen zu treffen und ganz neue Wege einzuschlagen. Viele dieser Menschen sind jetzt unterwegs – alte, weise Seelen, die den Weg durch allerlei Inkarnationen hindurch unternommen haben, um auf der Erde Licht und eine erhöhte Schwingung zu verankern.

Nicht wenige von ihnen – und vielleicht gehörst du dazu – haben dabei oft das Gefühl, nicht »hierher« zu gehören, und erleben sich als Außenseiter. Sie meinen, nicht richtig verstanden zu werden und tragen die Vermutung in sich, nicht von diesem Planeten zu sein. Oft unternehmen sie viele Anstrengungen, um sich irgendwie anzupassen und verleugnen dabei ihre Individualität, nur um nicht anzuecken oder aufzufallen. Und dennoch tragen sie eine unendliche Sehnsucht in sich. Auf der immerwährenden, ewigen Suche nach der Heimat spüren sie eine unbekannte Traurigkeit in sich mit dem zehrenden Verlangen, endlich anzukommen. Zugleich wissen sie häufig nicht, wie sie dies erreichen können. Diese weisen Seelen sind auf der Traumreise der Inkarnationen in eine Art Tiefschlaf verfallen und erinnern sich nicht mehr an ihr Recht auf Zufriedenheit, Glück und Vertrauen.

Andere Seelen sind schon aus diesem Traumzustand erwacht. Sie spüren auch den tiefen Wunsch, endlich wieder zu Hause und bei sich anzukommen. Die Sehnsucht treibt sie an und bildet die Motivation, das Leben selbst in die Hand zu nehmen. Diese Menschen tragen die Gewissheit in sich, dass alles bereits in vollkommener Ordnung ist. Sie erlauben sich mehr und mehr, ihren eigenen Lebensstil und ihre Kreativität zu feiern und sind im wahrsten Sinne des Wortes Schöpfer ihres Lebens. Diese Menschen sind Bewusstseinspioniere. Sie erlauben sich einfach, so zu sein, wie es sich für sie am besten anfühlt. Sie haben den Mut, sie selbst zu sein. Diese Menschen sind überwiegend sehr glücklich. Ob sie alt oder jung sind, reich oder gezwungen, mit ihren Ressourcen zu haushalten – sie fühlen sich frei und grenzenlos. Sie leben

ihr Glück. Sie sind Pioniere der neuen Zeit und wollen diese Energie der Grenzenlosigkeit und des Wohlfühlens ausdehnen und auf die Erde bringen.

Sie surfen vor der Welle. Sie sind uns allen einen klitzekleinen Schritt voraus – einfach, weil sie es sich erlauben, sich wohlzufühlen. Sie beginnen, sich inniger und tiefer zu lieben. Es entsteht eine intensive Seelenliebe zu ihrem innersten Wesen. Dieses Glück, bei sich selbst anzukommen und sich selbst grenzenlos zu lieben, ist eine der schönsten Erfahrungen auf dem Weg zu dir selbst.

»Auf dem Weg zur Liebe bin ich immer wieder mir selbst begegnet.« Diese Wahrheit spürst du in Augenblicken tiefer Dankbarkeit und Freude in dir. In diesen Momenten bist du zu Hause. Huna baut die Brücke zu dir und deiner Liebe, zu deinem eigenen Glück. Denn zum Glück bedarf es deiner Klarheit und deiner Entscheidung dafür.

Im Huna sprechen wir davon, das Glück einzufordern und als natürliches Grundbedürfnis in dir zu verankern. Glück wird als natürliches Geburtsrecht erachtet und fordert dich gleichzeitig auf, offen dafür zu sein. Denn du bist dann glücklich, wenn du dich mit aller Entschlossenheit dafür entscheidest. So einfach ist Huna. Diese Klarheit will gelebt werden, die Entscheidung dafür wird eingefordert. Das ist sehr viel mehr, als das Glück einfach so per Zufall zu erwarten.

Dein Glück braucht deinen Mut und deine Klarheit dazu.

Nur so kannst du – wie die Bewusstseinspioniere der neuen Zeit – vor der Welle surfen und dein Glück in die Welt transportieren. Nicht morgen oder übermorgen, sondern jetzt. In diesem Augenblick. Willst du mit uns vor der Welle tanzen und feiern?

Sich einfach umdrehen und ins Licht schauen: Die drei Selbste

Sicherlich hast du spätestens jetzt beschlossen, ein Pionier der neuen Zeit zu sein, und spürst den Drang in dir, dein Leben endlich in andere Bahnen zu lenken. Dir ist klar, dass du das Licht und das Potenzial dazu in dir trägst und bist bereit, mit aller Kraft voraus dein Glück zu kreieren – mit allen Mitteln, die dir zur Verfügung stehen, und mit deiner klaren Entscheidung dafür. Viele wissen jedoch nicht, wie sie diesen Traum nun in die Realität bringen können.

Huna unterscheidet sich von vielen anderen therapeutischen Richtungen, indem die Aufmerksamkeit nicht auf den Mangel oder die Blockierungen gelenkt wird, sondern auf das, was wir bereits haben.

Wie oft stöhnen wir auf Selbsterfahrungsseminaren und suchen händeringend nach Lösungen, wenn zum x-ten Mal irgendeine (angebliche) Blockade aufgedeckt wird? Wieder aufdecken, anschauen, durchdenken, hinspüren, abheilen, auflösen, um dann – oft nach Monaten oder Jahren – wieder an derselben Stelle zu sein? Dieser Kreislauf entsteht, weil wir die Aufmerksamkeit zu viel auf die Blockierung und zu wenig auf die Heilung und Auflösung derselben gelenkt haben. Es macht wenig Sinn, über Vergangenes zu lamentieren oder den Misthaufen, in dem wir stecken, aus allen Blickwinkeln zu betrachten und zu kommentieren. Es reicht, wenn du weißt, was schiefgelaufen ist. Du kannst dich einfach umdrehen und einen anderen Weg einschlagen. Du kannst dein Antlitz dem Licht zuwenden.

Dreh dich um und geh der Sonne entgegen. Huna hilft dir dabei. Ich liebe die Weisheit von Huna. Huna ist einfach, klar, praktikabel sowie alltagstauglich und von erstaunlicher Weisheit und Liebe getragen. Das «große Geheimnis», wie die Weisheit von Huna ja auch genannt wird, lädt dich ein, einzutauchen in diese mystisch-magisch-irdische Welt. Damit lernst du, dich selbst besser zu verstehen, und erfährst, wie du dein Leben angenehmer und positiver gestalten kannst.

Huna bietet uns praktikable Erklärungsmodelle des Lebens.

Dieses Wissen stützt sich auf alte Überlieferungen, untermauert von der genauen Beobachtung des Lebens und der viele Jahrtausende alten Tradition der Heilkunst. Wir werden diesen Teil nur im Ansatz berühren – wenn du tiefer in die Materie einsteigen willst, empfehlen wir dir unser Arbeitsbuch »Huna-Seelenkraft«.

Man spricht im Huna von den »drei Selbsten«. Diese erinnern an das Modell von Sigmund Freud von Es, Ich und Über-Ich. Auch in der christlichen Tradition kennen wir Gottvater, Sohn und Heiliger Geist, im Hinduismus gibt es die Götterdreiheit von Brahma, Vishnu und Shiva.

Im Huna sprechen wir von Ku, Lono und Kane. Es sind Bewusstseinsaspekte in uns, und sie wurden ursprünglich mit drei Hauptgöttern des hawaiianischen Himmels in Verbindung gebracht. Alle drei Selbste – Ku, Lono und Kane – sollten nach Ansicht der Kahunas in guter Übereinstimmung miteinander kommunizieren und zusammenarbeiten. Dann kann unser Leben in Harmonie und Glück, Zufriedenheit und vor allem im Einklang mit unserem Seelenplan funktionieren.

Nach Meinung der Kahunas hat es höchste Priorität, im Einklang mit unserem Seelenplan zu leben. Der Ausspruch im Huna: »Ich bin, damit dein Wille durch mich geschehe«, bedingt die völlige Übereinstimmung der eigenen Persönlichkeit mit dem höchsten Willen des Unaussprechlichen.
Die Vorstellung von den drei Aspekten des Selbst, die in

uns und durch uns wirken, ist ein Denkmodell. Es erklärt verständlich die Zusammenhänge für unseren Verstand, es erlaubt uns, den allgegenwärtigen Energiefluss zu erklären und damit die Wechselwirkung auf unser Sein. Und zugleich ist es fantastisch zu sehen, wie einfach wir unser Leben gestalten können, wenn wir um die fein- und grobstofflichen Zusammenhänge von Ku, Lono und Kane wissen.

KANE bezeichnet man als das »hohe Selbst«. Es wird als Schöpfergott schlechthin angesehen und bildet die Verbindung von der eigenen Seelenebene zum Unaussprechlichen, wie die Kahunas Gott nennen. Kane enthält unseren Seelenplan und die Weisheit unserer Seele, über Kane erfahren wir, wie wir unser Leben auch im Alltag im Sinne des großen Ganzen gestalten sollen. Kane wird auch gern als der »göttliche Funke« bezeichnet. Es ist der Sitz der Inspiration, von Kane erhalten wir die »göttlichen Eingebungen«, die wunderbaren Ideen, die scheinbar wie vom Himmel fallen oder uns über Nacht ein schier unlösbares Problem einfach lösen lassen. Kane lenkt die Weisheit und Liebe des Unaussprechlichen zu unserer ganz persönlichen individuellen Seele. Kane weiß um unsere Talente und Potenziale und sollte die Regie in unserem Leben führen. Kane ist der Inbegriff von Liebe auf allen Ebenen.
Kane schwingt in der Ordnung der drei Selbste am höchs-

ten. Nach Ansicht der Kahunas sollten wir lernen, täglich bewusst den Kontakt mit Kane aufzunehmen, um unser Leben in Einklang mit dem göttlichen Willen zu bringen. Das kann zum Beispiel durch Meditation, Stille, bewusstes Naturerleben oder achtsame Begegnungen geschehen.

LONO ist unser bewusster Verstand und das Tagesbewusstsein. Lono sollte direkt dem Einfluss von Kane unterstehen und angewiesen sein, die Weisheit von Kane direkt in unser Leben einfließen zu lassen. Dabei wirkt Lono wie ein guter, analytischer Denker. Er reglementiert und ordnet, wertet und wägt ab und ist daher im Alltag unser wichtigster Begleiter. Lono trifft ständig Entscheidungen und sucht bestenfalls immer die Verbindung zu Kane, um das Leben besser, harmonischer und im Einklang mit Kane zu gestalten. Das ist nicht immer einfach. Denn Vorgaben von Kane sind für Lono oft nicht nachvollziehbar. Der individuelle Seelenplan ist für Lono manchmal nicht begreifbar und verständlich. Deshalb versucht Lono oft in Eigenregie, das Leben zu lenken – was dann häufig zu anderen Ergebnissen führt als erwartet.

Unser Tagesbewusstsein kann die Weisheit der Seele nicht erfassen, da sich die Liebe des Unaussprechlichen zu uns oft anders darstellt, als wir im Alltag begreifen können. Liebe will auf allen Ebenen gefühlt und gelernt werden, auch als

Eigenliebe. Dazu sind oft Schritte notwendig, die uns nicht besonders wertvoll erscheinen. Erst wenn wir lernen, uns der Liebe des höchsten Willens unterzuordnen, werden wir den tiefen Frieden und die Erleuchtung finden, die uns bei uns selbst ankommen lässt und uns glücklich macht. Die Weisheit von Huna wirkt auch jetzt. Bereits beim Lesen dieser Worte wird dein Herz berührt werden, und du kannst sicher sein, wieder ein Stück mehr zu dir selbst gefunden zu haben.

Ku ist das Unterbewusstsein und das unterste Bindeglied im Huna. In der Praxis arbeiten wir viel mit Ku, weil es für alle Unternehmungen im Alltag zuständig ist. Ku hat die Aufgabe, die Ideen und Botschaften von Lono in die Wirklichkeit zu bringen. Es ist für unsere physische Gesundheit zuständig, regelt den Energiehaushalt und wirkt auch als Energiespeicher in uns. Im Huna pflegen wir selbstverständlich und natürlich täglich den Kontakt mit Ku. Ein besonderer liebevoller Umgang mit Ku ist außerordentlich wichtig – weil unser Ku eben auch für unser körperliches Wohlgefühl und unsere Gesundheit zuständig ist.

Im unteren Selbst ist auch unsere Intuition beherbergt. Das erste Gefühl, das wir zu einer Sache haben, das »Bauchgefühl«, dem wir folgen sollten, der erste Impuls, den wir bei einer besonderen Situation oder bei der Begegnung mit unbekannten Menschen spüren. In unserem unteren Selbst sind nach Ansicht der Kahunas alle Gefühle gespeichert. Jede Emotion, die wir je bewusst oder unbewusst empfunden haben. Ku untersteht direkt dem Einfluss von Lono und folgt weisungsgebunden dem Tagesbewusstsein. Das bedeutet, dass jeder Gedanke, jeder Impuls, jede noch so kleine Sorge eine Reaktion von Ku hervorruft. Unser Kopf hat eine Idee – und unser Ku liefert auf der Stelle das entsprechende Gefühl. Jeder negative Gedanke und auch negative Worte von Mitmenschen bewirken ein Unwohlgefühl oder eine Angst in uns. Umgekehrt wird jeder positive Impuls von Lono, jeder positive Gedanke mit einem kleinen oder größeren Glücksgefühl belohnt. Im Huna denken wir uns nicht nur eine schönere, glücklichere Welt, wir erfahren sie direkt am eigenen Leib. Das ist ein Geheimnis von Huna! Glück will erkannt, angenommen, bestätigt und gelebt werden.

Die sieben Energiegesetze

Im Huna kennen wir sieben Energien, die im Sichtbaren und im Verborgenen nach bestimmten Gesetzmäßigkeiten wirken. Diese Energiegesetze sind allgemein gültige Lebensregeln; sie wirken im Großen wie im Kleinen und spiegeln den

Kosmos wider. Die Wirkmechanismen sind allgemein gültiger Natur, ob wir davon wissen oder nicht. In vielen Traditionen werden die Geheimnisse des Lebens und des Universums in Grundprinzipien übermittelt. Im Huna sprechen wir von Energiegesetzen, die erklären, weshalb manches im Leben funktioniert und einiges eben nicht. Es macht Sinn, sich mit den Wirkmechanismen der Energiegesetze auseinanderzusetzen und diese auch im Alltag anzuwenden. Manches von dem hier vermittelten Wissen wirst du vermutlich schon irgendwo gehört haben – jede Wahrheit ist einfach und wird inzwischen schon von zahlreichen Menschen gelebt. Viele Wurzeln finden wir im polynesischen Raum und beim Heilwissen der Kahunas. Bevor wir die Energiegesetze näher vertiefen, sollten wir uns jedoch das einzige Gebot anschauen, das wir im Huna kennen:

Heile immer, verletze nie!

Diese Anweisung sollte so weit wie nur möglich eingehalten werden. Wir wissen, dass es nicht immer funktioniert – zum Beispiel, wenn sich zwei Partner trennen, wenn eine Arbeitsstelle gekündigt wird. Dann ist wohl leider nicht zu vermeiden, dass sich mindestens eine Seite verletzt fühlen wird. Aber so weit wie nur möglich zu vermeiden, andere Menschen zu verletzen, so weit wie nur möglich eher heilsam als verwundend zu sein und zu handeln – das geht immer.

Dieses Gebot, dass immer geheilt und nie verletzt werden soll, bedeutet nicht nur, andere nicht zu verletzen, sondern vor allem auch, sich selbst nicht zu verletzen. Die schöne Ethik von Huna gipfelt in der immer weiter und vermehrt gelebten Eigenliebe bzw. Selbstliebe. Wir verwechseln die Liebe zum eigenen Selbst und damit zur eigenen Seele niemals mit einem egoistischen Ich- oder Selbsterfahrungstrip. Huna lehrt immer nur Liebe auf allen Ebenen, in allen Facetten mit dieser wichtigen Kernaussage: Ich liebe jede Liebe.

Liebe zu mir, Liebe zu dir. Liebe zum Universum, Liebe zum Unaussprechlichen. Persönliche und überpersönliche Liebe. Liebe, die expandieren und sich selbst erfahren will. Das ist die Weisheit von Huna, die sich im obersten Gebot »Heile immer, verletze nie« ausdrückt.

Nun die sieben Energiegesetze von Huna, die wir hier nur im Ansatz erklären. (Wenn du tiefer in dieses Heilwissen einsteigen willst, empfehlen wir weiterführende Literatur im Anhang.)
Erstes Energiegesetz:

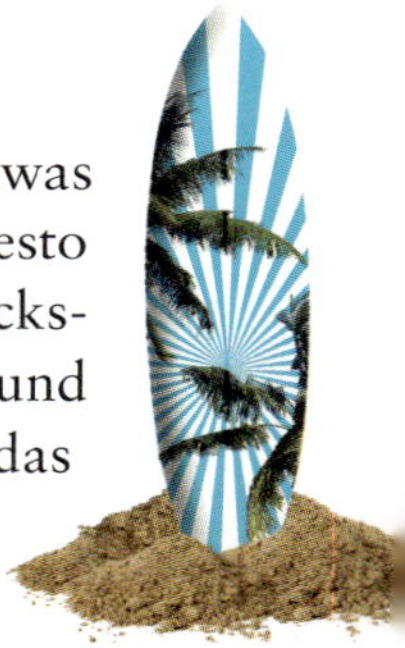

1 **MAKIA – Energie folgt der Aufmerksamkeit**

Je konzentrierter wir die Aufmerksamkeit auf etwas richten, desto mehr Energie fließt dorthin und desto stärker wird die Erfahrung sein. Für die Huna-Glücksformel bedeutet Makia: Richte ausschließlich und voller Konzentration deine Aufmerksamkeit auf das Gute, Positive, Schöne, Harmonische in deinem Leben. Genieße die glücklichen Momente und dehne sie aus. Stell dir vor und fühle, wie gut es dir geht, wenn sich dein Leben positiv verändert. Wir können die Welt um uns wertvoller und harmonischer erleben, wenn wir kontinuierlich unsere schöne und wertvolle Energie auf die aufbauenden, positiven und glücklichen Momente richten.

Zweites Energiegesetz:

MANA – Alle Macht kommt von innen, aus dir selbst

2 Du hast die Macht in dir, deine Lebensumstände zu verändern. Du hast die Fähigkeit, auf dein Verhalten einzuwirken und Ziele zu erreichen, wenn du es willst. Im Huna sprechen wir von vermehrter Energie, die sich in kraftvollen Ritualen ausdrücken will. Sei dir bewusst, dass du als mächtiges Lichtwesen in der Lage bist, Situationen zum Positiven zu verändern. Schamanen und Heiler gebrauchen verstärkte Energie oder Macht

auch, um Krankheiten auszuheilen. Als »Abenteuerschamane« bist auch du fähig, dein Leben positiv zu verändern. Hab einfach den Mut, dich mächtig zu fühlen. Für die Glücksformel bedeutet Mana, dass dir diese fast unendliche Kraft bewusst ist und du dich in der Lage fühlst, glückliche Umstände herbeizuführen.

Drittes Energiegesetz:
3 MANAWA – **Jetzt ist der Augenblick der Macht**
Dies bedeutet einfach, dass wir lernen, im Hier und Jetzt zu leben. Unser Energiekörper (das ist der nicht physische Körper) ist oft in verschiedenen Ebenen und Zeiten unterwegs. Wir denken an die Vergangenheit, träumen von der Zukunft, sehnen uns nach dem letzten Urlaub, haben Angst vor dem Zahnarzttermin morgen, sind mit Träumen oder Illusionen beschäftigt und vergessen dabei ganz, dass es nur um den jetzigen Augenblick geht. Du kannst nur diesen einen Moment, der jetzt ist, leben. Es gibt keine andere Möglichkeit, im Sein zu sein.

Für die Huna-Glücksformel bedeutet dies, deine Wünsche und Rituale mit voller Aufmerksamkeit auf den einzigen und wirklich reellen Augenblick zu richten – auf den Moment, in dem du jetzt lebst. Wir treffen jetzt Entscheidungen, die sich dann auf die Zukunft auswirken. Sich darüber Gedanken zu machen, wie oder was sich dann realisieren wird, ist nicht nur unnötige Energieverschwendung, sondern ein Hinderungsgrund für die Wunscherfüllung.

Viertes Energiegesetz:

4 Aloha – **Lieben heißt, glücklich sein mit dir**

Im Huna sprechen und leben wir die Liebe in allen Facetten und auf allen Ebenen. Ich liebe die Liebe, diesen Kernsatz solltest du dir immer wieder verinnerlichen und ihn fast »gebetsmühlenmäßig« rezitieren. Damit ziehst du wunderbare positive Veränderungen in deinem Leben magisch an. Liebe ist die stärkste Kraft im Universum – nichts ist stärker als sie. Sie löst alle Widerstände und Hindernisse auf, versöhnt die Menschen, löst scheinbar unüberwindliche Streitereien wie von selbst auf, lässt dich bei Unwägbarkeiten des Alltags im Vertrauen ruhen und führt dich zum Wichtigsten in deinem Leben – zu dir selbst! Lass nichts anderes als Liebe zu, auch das postulieren die Kahunas immer wieder. Bleib in deiner Liebe. Unter allen Umständen und mit ganzer Seelenkraft.

Für die Huna-Glücksformel bedeutet das Prinzip von Aloha, dass du ab jetzt bereit bist, deine Aufmerksamkeit auf die Liebe in deinem Leben zu lenken. Auf alles und jeden, den du liebst. Damit vermehrst du ständig deine Liebe in dir.

Fünftes Energiegesetz:

5 PONO – **Wirksamkeit ist das Maß deiner Wahrheit**

Wenn etwas gut und reibungslos in deinem Leben funktioniert, kannst du sicher sein, dass du damit ein Talent in dir lebst. Alles, was du gut kannst, ist richtig. Vorausgesetzt natürlich immer, dass dies alles zum Wohle aller geschieht. Erinnern wir uns an das einzige Gebot: Heile immer, verletze nie.

Wenn du Freude bei einer Tätigkeit hast, greift das Energiegesetz von Pono – und deine Wirklichkeit im Außen wird das widerspiegeln, was du als wertvoll und wichtig erachtest. Pono zeigt an, inwieweit deine inneren Wünsche mit deinem Leben deckungsgleich sind. Für die Huna-Glücksformel bedeutet Pono, das richtige Werkzeug für deine Wunscherfüllung zu nutzen. Wenn du etwas schon gut kannst (visualisieren, meditieren, bestimmte Rituale ausführen und so weiter), dann nutze diese Instrumente, um weiterhin das Glück in dir zu vermehren.

Sechstes Energiegesetz:

IKE – **Die Welt ist das, wofür wir sie halten**

6 Das Glas ist halb voll oder halb leer – deine eigene, innere Welt entscheidet darüber, wie du dich im Außen fühlst. Es liegt einzig und allein an dir, dir ein Leben in Wohlstand, Fülle, Gesundheit, Harmonie, Liebe vorzustellen und die Gefühle dafür wahrzunehmen. Deine innere Welt, die du dir in Gedanken kreierst, wird sich früher oder später auch in deinem Leben manifestieren. So wie du denkst und dir die Dinge vorstellst, wird sich dein Leben gestalten. Deine Energien formen dein künftiges Leben. So wie du denkst, werden die Ereignisse kommen. Wir bewegen uns immer in verschiedenen Realitäten – träumen im Alltag unsere Tagträume, stellen uns den Tag morgen vor, fühlen uns schwach oder stark, erleben manche Menschen positiv und andere als kräftezehrend –, je nachdem, wie wir unseren inneren Bewusstseinszustand programmiert haben.

Für die Huna-Glücksformel ist das sechste Energiegesetz außerordentlich wichtig – lassen wir ab heute nur noch aufbauende Ideen und Gedanken zu, lenken wir ab jetzt unsere Aufmerksamkeit ausschließlich auf das Gute und Schöne in unserem Leben, und wir werden eine Welt in uns kreieren, in der sich die Wirklichkeit als schön und harmonisch, glücklich und positiv gestaltet.

Siebtes Energiegesetz:
KALA – Es gibt keine Grenzen

7 Dieses Energiegesetz erinnert uns ständig daran, dass wir uns als grenzenlose Lichtwesen erleben sollen. Kala bedeutet auch, die Schranken unseres Verstandes zu überwinden und uns zu erlauben, im Großen zu denken. Viele Dinge können wir nicht begreifen, wir können uns vielleicht nicht vorstellen, dass sich unser Leben positiv verändern kann und blockieren uns in diesem Moment selbst. Aber auch scheinbar ausweglose Situationen können verbessert werden, wenn du dir erlaubst, deine eigenen Grenzen zu überwinden und dem Universum die Möglichkeit der Heilung einzuräumen. »Harte Zeiten brauchen Engel«, meint Tobias, das Lichtwesen, das von Geoffrey und Linda Hoppe gechannelt wird. Und Engel gibt es auch und vor allem jetzt. Vielleicht hilft dir die Vorstellung, dass Engelwesen deinem Leben eine positive Wendung geben – vielleicht hilft dir einfach, alles, was dich belastet, loszulassen und es dem großen Ganzen zu übergeben. Die einzige Herausforderung bei diesem Energiegesetz besteht darin, dir und deinem Leben keine Beschränkungen aufzubürden. Alles ist möglich, wenn du dir erlaubst, entsprechend zu

denken, zu fühlen und zu handeln. Für die Huna-Glücksformel bedeutet Kala »nur«, deinem Glück die Chance zu geben, dein Leben zu durchfluten. Lass den Gedanken zu, dass alles möglich ist – erlaube dir, Freude und Wohlstand, Erleuchtung und Heilung zu manifestieren. Auch und vor allem, wenn du nicht weißt, wie dies geschehen soll. Der Kosmos hat eine eigene Intelligenz – und alles ist gut, so wie es ist.

Aloha!

4

Alltag und Probleme: Hang loose

Probleme?
Damit gehen wir hawaiianisch um

Die Weisheit von Huna hilft uns, den Alltag leichter und harmonischer zu gestalten. Träume werden in die Realität gebracht, deine innere Einstellung zu diversen Problemen wird sich nach und nach ändern. Dennoch gibt es Zeiten, in denen auch wir nicht bedürfnislos über dem Boden schweben, sondern ganz irdisch mit dem Leben und seinen Unwägbarkeiten konfrontiert werden. Viele Probleme sind hausgemachter Natur – vieles könnte einfacher und geschmeidiger von der Hand gehen, wenn wir unsere innere, ganz intime Haltung zu uns und unserem Leben überdenken und verändern. Und trotzdem werden wir ab und an Menschen begegnen, die uns an unsere Grenzen bringen, mit Situationen konfrontiert, die unseren ganzen Einsatz fordern, oder uns in Lebensphasen wiederfinden, die unsere ganze Liebe abverlangen. Wie gehen wir im Sinne von Huna also »hawaiianisch« damit um?

Die wunderschöne Ethik von Huna wird dein Leben nachhaltig verändern. Du wirst nach und nach deinen inneren Frieden finden, deinen Humor wieder neu entdecken und deine irdische Schwere gegen eine kontinuierlich wachsende lichtdurchflutete Leichtigkeit eintauschen. Glücklicherweise ist Huna ein sehr praxisorientiertes und realitätserprobtes System und nicht nur eine Anhäufung von Lehrmeinungen oder ein theoretisches Baukastenmodell.

Huna wirkt durch die Einfachheit seiner Rituale; Huna transformiert die Energien über bewährte Zeremonien; Huna wirkt bereits, indem du dieses Buch in der Hand hältst und liest und die heilsame Veränderung deines Lebens allein durch die Verinnerlichung dieser Zeilen »herbeizauberst«. Huna ist dabei völlig unspektakulär. Jeder, der sich mit Huna beschäftigt, entwickelt sich immer mehr zum Abenteuer- und Lebensschamanen. Das sind wir, die ganz »normalen« Menschen und weisen Seelen, die sich aufmachen, andere Wege zu gehen. Wir erlauben uns, uns selbst als lichtvolle, mächtige Wesenheiten zu erkennen und leben unser Leben im Einklang mit unserem Seelenplan. Huna hilft uns mit machtvollen Ritualen. Einige kleine Rituale stellen wir im Kapitel »Die Huna-Glücksformel: Neun Schritte zu gelassener Glückseligkeit« vor.

Nun besprechen wir die großen, machtvoll-wirkenden Rituale, die dein Leben grundsätzlich verändern können – wenn du es willst. Voraussetzung ist deine innere Klarheit. Was willst du verändern? Bist du glücklich und zufrieden oder gibt es Bereiche, in denen du dich noch nicht ganz harmonisch fühlst? Was ist es, was du noch brauchst, worum bittest du, wenn du einen Wunsch frei hast, was willst du erreichen? Huna fordert die absolute Klarheit von dir. Denn Klarheit ist der höchste Zustand der Liebe, so sagen es die Kahunas, diese Meister der Huna-Philosophie, die jedoch als ganz normale Menschen leben, die du auf der Straße wahrscheinlich nicht einmal als Meister wahrnehmen würdest.

Wenn dir nun ein Problem ganz bewusst ist und du in Klarheit in dir erkennst, dass du einiges verändern wirst, kann der Spaß der Transformation beginnen. Ja, wir nennen es Spaß, denn es gibt nichts Schöneres im Leben, als mit Huna spielerisch-leicht und freudig neue Aspekte der Heilung und des Glücks in dein Leben zu integrieren.

Zur Transformation haben wir im System von Huna drei wichtige Rituale:

- Ho'oponopono mit dem allliebenden Aspekt von Aloha.
- Segnen mit der Heilenergie von Ohana, der großen Seelenfamilie.
- Und Dankbarkeit mit der tiefen Demut und dem Segen von Mahalo.

HO'OPONOPONO

Das Ritual von Ho'oponopono wird im Kapitel »Die Huna-Glücksformel: Neun Schritte zu gelassener Glückseligkeit« ausführlicher erläutert. Hier bereits eine Kurzinformation. Ho'oponopono wirkt grundsätzlich tief greifend heilend durch die wunderbare Methode des Verzeihens, des Vergebens und – vermutlich noch wichtiger und am wenigstens beachtet – der Versöhnung!

Dabei praktizieren wir Heilung, indem wir die Situation, in der wir uns befinden, oder die Menschen, mit denen wir Stress haben, zunächst anerkennen, ihnen und uns dann verzeihen, uns anschließend bewusst machen, dass wir diese Menschen oder Aspekte durchaus annehmen und lieben können, und uns abschließend bedanken. Dadurch vollzieht sich ein Prozess der Versöhnung oder Aussöhnung mit dem, was ist.

Die Sätze, die wie durch ein Wunder die Veränderung in uns und damit auch die Transformation unserer Lebensumstände bedeuten, lauten ganz simpel:

- Es tut mir leid.
- Ich verzeihe dir/mir.
- Ich liebe dich/mich.
- Danke.

Weshalb Ho'oponopono so heilsam wirkt, können wir nur erahnen. Denn selbst, wenn du noch nicht bereit bist, einem anderen Menschen – oder was noch schlimmer ist – dir selbst für oder wegen eines negativen Erlebnisses zu verzeihen, die Magie von Ho'oponopono wirkt immer. Ho'oponopono sollte in erster Linie nicht nur dazu dienen, einem anderen Menschen zu verzeihen, sondern vor allem dir selbst einen vermeintlichen Fehler nachzusehen. Wir können unser Leben nur aus dem jetzigen Lebensumstand formen. Wir können nie wissen, wie sich eine Entscheidung, die von uns getroffen wurde, im Alltag und in der Zukunft auswirkt. Das Leben will gelebt werden – und das geschieht jetzt. Viele Menschen verwehren sich Erfahrungen, weil sie Angst haben, etwas »falsch« zu machen. Wir können jedoch gar nichts falsch machen, weil wir in der jeweiligen Situation eben das tun, was sich gerade richtig anfühlt. Wenn du dich mehr mit Huna beschäftigst, wirst du die Gnade, die Ho'oponopono in sich birgt, immer mehr lieben. Ja, du wirst spüren, wie gut es sich anfühlt, wenn du dir endlich verzeihen kannst – und anfängst, dich immer mehr zu lieben.

Über Ho'oponopono lernen wir mehr und mehr, aus unserem ganzen Wesen heraus zu verzeihen – uns selbst und auch anderen Menschen. Wir lernen, das Leben so anzunehmen, wie es ist, und die heilsamen Augenblicke und wunderbaren Momente des Glücks zu genießen – und seien sie noch so kurz. Die Heilenergie von Ho'oponopono fließt über und durch deine Liebe. Zu dir, zu deinen Mitmenschen, zu deiner Umgebung. Du beginnst, dich immer tiefer und reiner zu lieben, dich bedingungslos zu akzeptieren, so, wie du eben bist. So, wie sich dein Leben jetzt gestaltet, so, wie du gerade aussiehst und dich fühlst.

Du wirst über Huna zu einem Liebesstrahler, weil du durch deine Präsenz und über dein Sein, durch deine Gedanken und über deine Worte nur noch die Energie und Schwingung der Liebe ausdrückst und verbreitest. Aloha heißt das Zauberwort. Lass nichts anderes als Liebe zu.

- Aloha – es tut mir leid, was passiert ist.
- Aloha – ich verzeihe mir, dir, dem Leben, der Situation, die sich nicht gut anfühlt.
- Aloha – ich danke mir für die Erfahrung, ich danke dir, dass ich über dich die Liebe tiefer erleben darf.
- Aloha – ich liebe dich. Ich liebe mich. Immer mehr und intensiver.
- Aloha – auf der Suche nach Glück bin ich mir immer wieder begegnet.
- Aloha – Lieben heißt, glücklich sein mit mir.

Öffne für einige Augenblicke dein Herz, lass diese segensreiche Energie von Aloha in dir wirken, erlaube der Liebe in dir, sich auszudehnen. Und dann: Hang loose. Lass los. Mit der Gewissheit, dass alles gut ist und wird.

Wenn du aus tiefstem Herzen Ho'oponopono durchgeführt hast, wenn du bereit bist, aus deinem ganzen Wesen heraus zu verzeihen, schließe das Ritual mit Hang loose ab. Der Hintergrund und die Handbewegung dafür wird im Kapitel »Die Huna-Glücksformel: Neun Schritte zu gelassener Glückseligkeit« näher beschrieben. Hier schon vorab: Du nimmst für dieses Mudra die drei mittleren Finger, beugst diese in die Handinnenfläche und spreizt den Daumen und den kleinen Finger von der Hand ab. Dann kannst du sogar die Hände schütteln, so als würdest du etwas Altes abschütteln wollen. Mach dir dabei bewusst, dass es nun an der Zeit ist, alles, was du nicht mehr brauchst, loszulassen. Du trägst die Sicherheit in dir, dass alles gut ist, wie es ist.

Hang loose.

Jetzt darf alles gut werden.
Aloha!

SEGNEN

Ein weiteres wichtiges Ritual im Huna ist das Segnen. Das Ziel der Segnungen liegt in der Vermehrung von Glück und Wohlergehen, Gesundheit und Harmonie, im Schutz von Menschen, Wesenheiten, der Natur oder einfach einer bestimmten Lebenssituation. Immer, wenn du segnest, stärkst du das Positive, Aufbauende und Glückliche in dir, für deine Lieben oder im jeweiligen Aspekt deines Seins. Dabei entwickelst du dein volles Potenzial in dir. Segnest du einen Menschen, suchst und findest in ihm das Liebenswerte und hebst die positiven Eigenschaften hervor. Du vermehrst durch deine bewusste Entscheidung für das Gute in dir und dem anderen auch dein eigenes Glück. Dein Leben wird sich durch diese schamanische Tätigkeit positiv verändern.

Jeder von uns kann segnen. Deine innere Grundhaltung sollte dabei von weiser Zärtlichkeit getragen sein. Du möchtest gern, dass es dir oder einem andern Menschen gut geht? Dann segne den positiven Umstand, segne das, was bereits in Harmonie ist, richte deine Aufmerksamkeit und deine Energie auf die wunderbare Veränderung und nähre die Situation oder den Menschen mit deiner Liebe.

Segnen bedeutet demnach auch, dauerhaft etwas Gutes zu tun. Wir kennen die Energiegesetze von Huna – deine Energie fließt dorthin, wohin du deine Aufmerksamkeit richtest.

Huna führt dich liebevoll zu deiner inneren Weisheit und Wärme. Du erfährst dich als wertvollen und glücklichen Menschen und bist bereit, diese lichtdurchflutete Energie auch mit anderen Menschen zu teilen oder noch tiefer in deine Liebe zu dir vorzudringen.

Leise wirkt die Magie der Segnungen – liebevoll werden die Worte der Heilung ausgesprochen – getragen von der Gewissheit, dass du in der Lage bist, über deine klare Entscheidung für das Aufbauende und Gute dauerhaft eine Veränderung hin zu einem glücklichen und harmonischen Leben herbeizuführen.

Du kannst segnen, indem du einem Menschen ein nettes Kompliment machst. Du kannst das Wertvolle, Schöne oder Attraktive eines Mitmenschen nähren, wenn du bewundernd und voller Ehrlichkeit aussprichst, was du so schön an diesem Menschen findest.

Du kannst einen Menschen segnen, auch wenn dir nicht so danach ist, indem du sein Potenzial hervorhebst. Im Alltag hat sich dieser Aspekt sehr bewährt – statt deine Energie auf das zu lenken, was du an der Person nicht magst, könntest du ab heute das Liebenswerte suchen und finden, das natürlich auch in dieser Seele wohnt.

Selbstverständlich kannst du auch glückliche Momente und Lebensumstände segnen. Dadurch verstärkst du die Energie und ermächtigst dich, noch mehr Glück im Leben zu integrieren. Du kannst deine Liebe segnen – täglich – und wirst dankbar erkennen, dass sie immer tiefer und inniger wird.

Deine Tiere und Pflanzen werden deine Segnungen dankbar annehmen. Auch wenn du nicht genau weißt, wie es geschieht, wirst du sehen und spüren, dass die Tiere ausgeglichener werden und die Pflanzen besser gedeihen.

Ich segne immer die armen Kreaturen, die sich in Schlachttransporten oder viel zu engen Ställen befinden – und ich spüre in diesem Augenblick, dass mein Schmerz beim Anblick dieser armen Tiere etwas leichter wird. Wenigstens etwas konnte ich für sie tun.

Besonders wertvoll ist aber das Segnen der Freude, die wir oder andere empfinden. Denn die Freude ist das schönste Gefühl, das uns nach Hause, zu uns selbst bringt, meinen die Kahunas. Und so lenken wir wieder unsere Aufmerksamkeit auf all das, was für uns und unser Leben segensreich ist – wir vermehren über den Regen des Segens Wohlstand, Erfolg, Zuversicht, Liebe und Freundschaft – einfach alles, was uns heilig erscheint.

Viele Segnungen – im Sichtbaren oder im Verborgenen – erfahren wir von unserer Seelenfamilie, Wahlfamilie oder geistigen Gemeinschaft. Das sind Menschen, die sich gegenseitig unterstützen, die sich in der Gemeinschaft zusammen wohlfühlen und gegenseitig im Leben ihrer Potenziale unterstützen. Im Huna nennen wir diese harmonische Familie Ohana.

Ohana, die Familie, die Gemeinschaft, der Freundeskreis, wo Menschen einfach füreinander da sind. Ohne bestimmten Zweck und einfach, um die Leichtigkeit des Lebens zu genießen. Den Regen des Segens erfahren wir über die Freude, füreinander und miteinander zu sein.

Ohana: Wir sind eine Familie von Menschen, von geistigen Wesen, die eine irdische Erfahrung machen. Eine Familie, die etwas sucht und auch finden kann – wenn sie will. Der Dalai Lama nennt es »Glück«, wonach wir streben und dessen Existenz wir erfahren wollen. Wir sind alle Engel, die auf dieser Erde eine irdische Erfahrung machen. Wir sind aber und vor allem gemeinsam auf diese Welt gekommen, um unser innerstes Wesen zu erkunden und unsere Seele tiefer zu lieben. Wir sind alle im gleichen Boot und machen alle dieselben Erfahrungen der

irdischen Begrenzungen, wir reiben uns an der Materie und blicken liebevoll segnend auf uns selbst. Wir bilden eine große, mächtige, lichtvolle Familie. Wir sind Ohana, die »Familie von Freunden«.

AU MAMA UA NOA, LELE WALE A QUALA

... und das Gebet erhebt sich und fliegt.
Möge der Regen des Segens auf uns alle herniederfallen!

DANKBARKEIT

Ein sehr wirkungsvolles, einfaches und Erfolg versprechendes Ritual erfahren wir im Huna durch eine dankbare und demütige Grundhaltung. Damit ist nicht gemeint, dass wir geduckt und klein durch die Welt gehen, denn gerade Huna fordert und fördert das Potenzial in uns. Huna schenkt und vermehrt in uns eine liebevolle, lichtvolle und dankbare Energie. Das Gefühl, dass alles gut ist, wie es ist. Die Fähigkeit des Vertrauens in das Leben, all das wird über die Dankbarkeit ausgedrückt und verstärkt. Mit Huna kannst du als Abenteuerschamane die Welt um dich herum spielend verändern. Viele Rituale helfen dir dabei. Seien es die speziellen Huna-Gebete, Ho'oponopono, Segnungen oder eben die Heilwirkung der Dankbarkeit. Wieder wirkt die Einfachheit von Huna, sie gibt deinem Leben eine positive Wendung oder verstärkt all das Aufbauende, Schöne und Lichtvolle in deinem Leben.

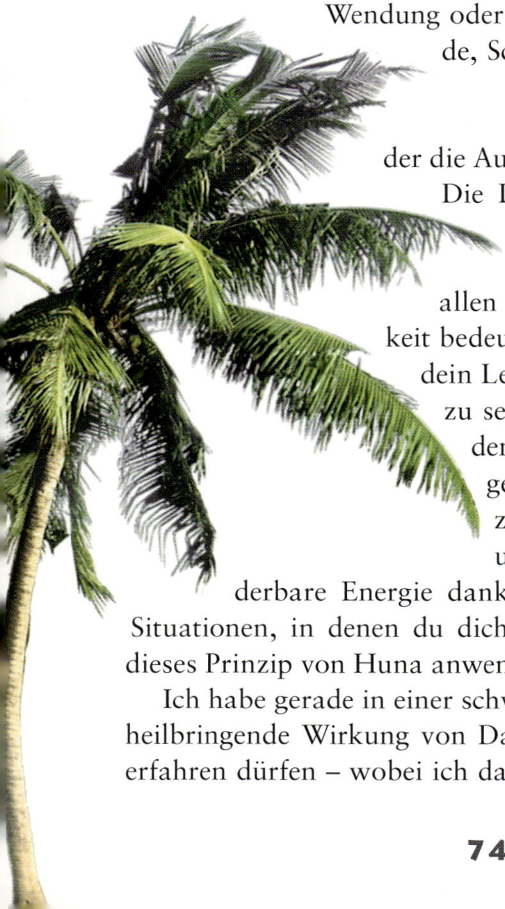

Huna lenkt immer wieder die Aufmerksamkeit auf die Liebe. Die Liebe zu allen Wesenheiten und zu dir selbst – die Liebe in allen Facetten und allen Gelegenheiten. Dankbarkeit bedeutet demnach auch, liebevoll dein Leben zu betrachten und alles zu segnen, was gut ist. Dankbar dem Schöpfer und der Natur gegenüber zu sein, nie aufzuhören, das Positive zu unterstreichen und die wunderbare Energie dankbar zu mehren. Gerade in Situationen, in denen du dich unwohl fühlst, kannst du dieses Prinzip von Huna anwenden.

Ich habe gerade in einer schwierigen Lebenssituation die heilbringende Wirkung von Dankbarkeit am eigenen Leib erfahren dürfen – wobei ich damals noch nichts von Huna wusste. Am Tagesende, kurz vor dem Einschlafen, habe ich einfach »dem lieben Gott da oben« gedankt – für all das Schöne und Gute, das ich heute erfahren durfte. Und dann hab ich nachgedacht, hineingespürt, mich erinnert – was habe ich denn heute Gutes erlebt? Wo habe ich heute ein Lächeln bekommen, wer hat heute etwas Nettes zu mir gesagt, wo hab ich heute ein kleines Gefühl der Leichtigkeit gespürt? Und siehe da, es fiel mir immer irgendetwas ein, wofür ich danken konnte.

Die nicht so schöne Situation wurde zunächst scheinbar auch nicht besser, aber meine Grundstimmung steigerte sich kontinuierlich. Und es ist nicht schwer zu erraten, dass sich dadurch auch mein Leben im Außen zum Positiven veränderte.

Jeder von uns kann als Schamane über die Dankbarkeit sein Schicksal verändern. Lenke wieder deine Energie auf all das, was du dankbar annehmen kannst. Wenn du ein Problem hast, dann danke Gott oder dem Kosmos für das, was bei dieser Herausforderung bereits gut gelaufen ist. Dankbar zu sein bedeutet auch, dir und dem Kosmos zu vertrauen. Dass alles gut ist oder gut wird.

Jeden Tag wirst du etwas erfahren, für das du dankbar sein kannst – in jedem Menschen kannst du etwas Schönes finden und diesen Aspekt dankbar annehmen – für jeden Tag, den du bewusst erleben kannst, solltest du dankbar sein. Und dann wirst du merken, dass sich dein Leben kontinuierlich und unaufhörlich bessert.

Jeder von uns hat sich schon etliche Male bedankt – bei Gott, bei einem Menschen, für eine Heilwerdung, bei einem glücklichen Verlauf eines Unfalls, bei der Geburt der Kinder und bei vielem mehr. Wenn wir nun als Abenteuerschamanen in der Huna-Ethik Dankbarkeit zelebrieren, beginnen wir, uns des glücklichen Verlaufs einer Situation erst mal bewusst zu werden. Wir danken dem Unaussprechlichen oder dem Kosmos mit der Gewissheit, dass auch ein Akt der Gnade dabei im Spiel ist. Wir beginnen nach Huna-Art, das Gefühl der Dankbarkeit auszudehnen. Wir fühlen uns noch tiefer ein, wir verweilen länger in diesem intensiven Glücksgefühl, wir vermehren die Dankbarkeit in uns, indem wir uns noch mehr in das Gefühl der wunderbaren Heilung oder der Verbesserung einer Situation hineinfallen lassen. Jede noch so kleine freudige Erregung erfahren wir dann als tief greifende Transformation. Wir lenken die Energie bewusst auf die positive Erfahrung und vermehren dadurch die Dankbarkeit.

Huna-Glückstagebuch

Du findest in diesem Buch immer wieder Raum für persönliche Notizen. Hier auf dieser Seite und vor allem dann am Ende jedes der neun Schritte zu gelassener Glückseligkeit. Du kannst dir aber natürlich auch ein gesondertes Glückstagebuch zulegen. Schreib auf die erste Seite deines Tagebuchs dann die Überschrift »Meine Huna-Glücksformel«. Du wirst spüren: Allein mit diesem Begriff und deinem persönlichen Einsatz veränderst du dein Leben und kannst glücklich werden.

Dein heutiger Eintrag kann sich mit der Frage befassen: »Wofür kann ich heute danken?«

Mahalo!

Huna-Glückstagebuch

....

....

....

....

....

....

....

....

....

....

....

5

Die Huna-Glücksformel

Neun Schritte zu gelassener Glückseligkeit

Wer kennt ihn nicht, den schönen hawaiianischen Gruß Aloha – »Ich liebe, was ist«? Doch nicht nur dieser, auch Namasté – »Ich grüße das Göttliche in dir« – und natürlich das vor allem in Bayern und Österreich vertraute »Grüß Gott« sind ebenfalls Mantras! Der Gruß und das Mantra Aloha ist Teil von Huna, dieser sehr alten, praktischen Lebensweise und -haltung, die aus einer ungewöhnlich genauen Beobachtung des Lebens erwachsen ist. Polynesische Meister, die Kahunas, haben ein besonderes spirituelles Wissen gesammelt. Das Wort »Huna« geht auf Hu, »männliche Kraft«, und Na, »weibliche Kraft« zurück. Huna ist damit so etwas wie Yin und Yang, die zusammen die Ganzheit des Tao bilden. Im Huna wie in der taoistischen Lehre geht man davon aus, dass »böse« oder »krank« bzw. »gut« oder »gesund« keine Eigenschaften oder festen Zustände, sondern Einstellungen und Verhaltensweisen darstellen.

Die Huna-Weisheit lässt sich auf alle Bereiche des Lebens anwenden. Besonders gut geeignet ist sie, um Ziele zu erreichen, Erfolge zu erzielen und Träume Wirklichkeit werden zu lassen. Das Wesen der polynesischen Sprache hat es den alten Meistern gestattet, ihre Philosophie in Prinzipien klarer und tiefer Einsicht zusammenzufassen und diese jeweils mit einem einzigen Begriff zu benennen, der, so habe ich (Petra) es für mich entdeckt, auch als Mantra verwendet werden kann. Über ihren Inhalt hinaus bringt der Vokalreichtum dieser Sprache Leichtigkeit und Kraft für die eigene Lebensgestaltung mit. Probieren Sie es einfach für sich aus!

Damit kommen wir zur Huna-Glücksformel, die auf der Weisheit und Erfahrung aufbaut, auf den Prinzipien und Methoden, die von den Kahunas entwickelt wurden. Diese Einsichten und »Techniken«, diese Einstellung zum Leben und die Einübung in Leichtigkeit und Freude, wurden uns in Form von neun praktischen Schritten zum Glück übermittelt. Hier sind sie.

Auf der Suche nach dem Glück
bin ich immer wieder
mir selbst begegnet.

Kala

Der erste Schritt:

Ich möchte, dass mein Leben anders wird.

Menschen, die zu Huna finden, stecken oft in einer besonderen Lebenssituation. Sie haben den Wunsch, ihr Leben zu verändern, wissen aber nicht so recht, warum und wohin der Weg sie führen wird. In meinen Huna-Kursen begegne ich seit Jahren immer wieder diesen besonderen weisen Seelen, die den Wunsch nach Veränderung spüren, den Weg und das Ziel in sich jedoch noch nicht finden können. Hier bietet Huna eine ganz besondere Möglichkeit, den eigenen Seelenplan zu verwirklichen und den Weg dorthin freudig und erfolgreich zu vollenden.

Huna wirkt dabei als heiliger Schlüssel zum eigenen Glück. Die Bewusstwerdung der eigenen Bedürfnisse, die Freude und Begeisterung für den ganz persönlichen Lebensweg ermuntern, noch tiefer in dieses altbewährte System von Huna einzusteigen. Es locken das Ausleben der ganz individuellen Freiheit, die Einzigartigkeit der Persönlichkeit und das tiefer wirkende Gefühl der Liebe für uns. Wir erinnern im Huna immer wieder daran, dass die gelebte Eigenliebe nie und nimmer mit Egoismus verwechselt wird. An dieser Stelle möchten wir erneut auf das wichtigste und einzige Gesetz im Huna hinweisen:

HEILE IMMER,
VERLETZE NIE!

Es bedeutet natürlich, niemanden zu verletzen. Weder Mensch noch andere Geschöpfe Gottes, es bedeutet vor allem aber auch und immer wieder, sich selbst nicht zu verletzen. Um dieses Gebot in den Alltag umzusetzen, braucht es sehr viel Einfühlungsvermögen und Liebe. Das ist oft eine Gradwanderung zwischen den eigenen Bedürfnissen und den Ansprüchen der Mitmenschen.

Je mehr wir aber in die Liebe zu uns und in die Liebe zu Huna eintauchen, desto einfacher ist es, dieses Heilgebot umzusetzen. Ein Ausspruch der Kahunas, den ich immer wieder gern zitiere, lautet deshalb auch:

KLARHEIT IST DER HÖCHSTE ZUSTAND DER LIEBE.

Klarheit

Du befindest dich vielleicht in einer Lebenssituation, in der du nicht mehr glücklich bist. Unter Umständen möchtest du dich beruflich verändern oder weißt zumindest, dass dein Beruf nicht deine Berufung ist. Es kann aber auch sein, dass deine Partnerschaft nicht mehr deine Bedürfnisse erfüllt oder du ganz allgemein deine häusliche Situation verändern willst.

Wahrscheinlich spürst du eine gewisse Unzufriedenheit in dir. Bravo! Du hast gerade eine entscheidende Erkenntnis! Du bist auf dem ersten und wichtigsten Schritt zur Veränderung deiner Lebenssituation. Du hast bereits die Klarheit in dir, dass dein Leben im Außen mit den inneren Bedürfnissen nicht mehr im Einklang ist. Zu dieser Erkenntnis können wir dich nur beglückwünschen. Es bedarf sehr viel Mut und ein gewisses Maß an Vertrauen, sich einen solchen Umstand bewusst zu machen.

Die meisten Menschen sind nicht oder nicht mehr in der Lage, ihre eigene Unzulänglichkeit oder Unzufriedenheit zuzugeben. Sie überlassen ihre Situation dem »Schicksal«, geben sich mit oft minderwertigen Ergebnissen zufrieden oder haben bereits aufgehört zu träumen.

Wenn du in deinem Leben wirklich etwas verändern willst, beginnt der erste und wichtigste Schritt mit der Erkenntnis:

ICH MÖCHTE, DASS MEIN LEBEN ANDERS WIRD.

Von Huna werden wir immer wieder ermuntert, Träume in die Realität zu bringen. Dazu ist es zunächst wichtig, die eigenen Begrenzungen zu überwinden. Kala – ein Energiegesetz der Kahunas – lautet deshalb:

ES GIBT KEINE GRENZEN.

Eine extreme Herausforderung in dieser Situation für dich. Natürlich gibt es Grenzen, wird dein Verstand einwenden, es gibt Grenzen im Außen, in den Finanzen, im Körper, in den äußeren, scheinbar nicht änderbaren Rahmenbedingungen. Du spürst Grenzen, wohin du auch denkst und was du auch fühlst. Hier setzt der erste Schritt bei der Huna-Glücksformel zum Glücklichwerden an:

Stell dir einfach vor, lass den Gedanken einfach mal zu, du hättest keine Grenzen. Du wärest in der Lage, dich als grenzenloses, befreites, glückliches Lichtwesen wahrzunehmen. Stell dir einfach vor – und spüre diese Energie in dir:

Alles ist grenzenlos. Es gibt keine Grenzen.

Ich bin frei in meinen Entscheidungen. Ich kann tun, was ich will.

Lass diese Energie einfach mal zu. Spüre dich grenzenlos.

Ritual zu Kala

Bereite deinen Raum – den inneren und den äußeren Raum – sorgfältig vor. Vielleicht willst du eine gute Freundin / einen guten Freund einladen, mit dir gemeinsam und doch jeder für sich dieses Ritual zu feiern. Von Vorteil ist, wenn du bereits Erfahrungen mit Meditationen sammeln konntest – dann wird dir diese Übung noch leichter fallen.

Ist dein Raum grob- und feinstofflich gereinigt, ziehst du dir am besten weiße Kleidung an (frisch gewaschen natürlich) und begibst dich in eine Meditationshaltung.

- Meditiere über diese Sätze: »Stell dir vor, du könntest nicht fehlen … Stell dir vor, du würdest alles richtig machen … Stell dir vor, du könntest leben, wie du willst … Alles, was du in dir spürst … Wie würde sich dein Leben dann darstellen?«
- Lass nun Bilder kommen. Lass deiner Fantasie freien Lauf. Versuche keinesfalls, mit deinem Kopf in das Geschehen einzugreifen. Kreiere ein Bild von dir, wie du gern sein möchtest. Egal, was dein Verstand dir erzählt.
- Spüre dich in jede Situation ein, nimm alle Sinneseindrücke wahr, die sich dir bieten, lass jede Emotion zu. »Wie fühle ich mich, wenn ich die häusliche Situation verändere …, mich in eine wunderbare Liebesbeziehung fallen lasse …, meinen Traumjob finde … und so weiter?«
- Beende die Übung, indem du über deine Gefühle sprichst – oder sie deinem Tagebuch anvertraust.

Vergiss beim Praktizieren nie: Ku will spielen. Ku will Freude haben. Und Lono wird hier ausnahmsweise außer Acht gelassen.

Der erste Schritt ins Glück:
Ich möchte, dass mein Leben anders wird.
Ich beginne, mich als grenzenlos wahrzunehmen.

Partnerübung

Ein Freund oder eine Freundin befindet sich in einer ähnlich unbefriedigenden Situation oder ist einfach so bereit, mit dir diese Übung gemeinsam zu machen? Wunderbar. Macht es am besten so:

- Setzt euch einander gegenüber und stimmt euch auf die Grenzenlosigkeit ein.
- Nun fragt der eine Partner den anderen: »Stell dir vor, du könntest dein Leben so gestalten, wie du willst. Welchen Beruf hättest du? ... Wo lebst du? ... Wie siehst du aus? ... Wie geht's dir dabei? ... Wie gestaltet sich deine Partnerschaft? ... Wie ist das Familienleben? ...«
- Es sind euch keine Grenzen gesetzt – weder beim Befragen des Partners noch in den eigenen Fantasien. Wichtig ist lediglich, den anderen zu ermuntern, sich vorzustellen, wie das Leben aussehen könnte.
- Der andere erzählt dann, was er alles wahrnimmt, und malt sich sein Leben schön bunt aus. Bitte dabei keine Kommentare abgeben oder Aussagen wie »Möchte ich auch gern, geht aber nicht!« Immer wieder den Partner ermuntern, sein Leben so auszumalen, wie er es gern hätte.

Huna-Glückstagebuch

Trage zum Abschluss des ersten Schrittes alle deine Gefühle in dein Huna-Glückstagebuch ein.

....

....

....

....

....

....

....

....

....

....

....

Ho'oponopono

Der zweite Schritt:
Ich versöhne mich mit dem Leben

Im Huna gibt es eine wunderbare Möglichkeit, Harmonie durch Vergebung und Versöhnung zu erreichen. Es ist eine einzigartige Methode, das Verzeihen bewusst zur Heilung von körperlichen und seelischen Krankheiten zu praktizieren. Aber auch ein Weg, sich mit dem Leben an sich, mit »Gott«, mit dem eigenen Schicksal, mit vermeintlichen Widrigkeiten auszusöhnen.

Im engeren Sinne: Jede Disharmonie, die länger als drei Tage anhält, so erklären die Kahunas, führt unweigerlich zu physischen oder psychischen Blockierungen. Ho'oponopono hilft, diese Energiestauungen aufzulösen und Stress vorzubeugen. Nach jahrelanger Praxiserfahrung kann ich berichten, dass Ho'oponopono vor allem bei der Heilung von Herzschmerzen jeder Art sehr hilfreich ist.

Ho'oponopono wurde zunächst in Familienbanden zelebriert. Bei Ärger zwischen den Angehörigen oder Streitigkeiten hilft dieses wirkungsvolle Ritual tatsächlich bestens, Harmonie und damit auch ganzheitliche Heilung zu erlangen. Stauungen lösen sich auf, der Energiefluss ist wieder gewährleistet.

Ho'oponopono kann im übertragenen Sinne wie folgt übersetzt werden:

Ho'o = »etwas tun«, »etwas bewirken«

Pono = »aufrecht«, »ausgeglichen«

Ponopono = »vollständig«, »vollkommen«

Man kann Ho'oponopono auch mit »den Weg zur Vollkommenheit gehen« übertragen. Und dazu gehört es eben als Grundvoraussetzung, nicht mehr mit dem Leben zu hadern, egal, wie es jetzt ist. Im Wissen, dass du es in der Hand hast, es zu ändern, wenn du das möchtest.

Ho'oponopono wird in der Huna-Glücksformel als zweiter, wichtiger Schritt beschrieben. Im ersten Schritt haben wir erkannt, dass wir etwas im Leben verändern wollen. Nun geht es darum, dafür die Grundvoraussetzung zu schaffen – das Leben anzunehmen, wie es ist, und nicht dagegen anzukämpfen –, um schließlich dafür auch konkret und praktisch etwas zu tun. Das alles klingt banal und einfach, der schwierigste und wichtigste Schritt ist nun aber, einen Energiezustand zu schaffen, in dem eine Veränderung überhaupt herbeigeführt werden kann.

Erinnern wir uns an früher übliche Opfergaben an Götter oder an die vielen asketischen Handlungen mancher religiöser Wege. Dabei wird immer ein eigener Einsatz gefordert, um auch »Hilfe von oben« zu bekommen.

Huna unterscheidet sich hier deutlich. Es geht nicht darum, irgendeinem Gott oder einer Gottheit ein Opfer darzubringen, sondern in sich selbst Ordnung zu schaffen. Die Kahunas meinen dazu: »Wenn du etwas verändern willst, sollst du bereit sein, deine Energien zu reinigen und in Ordnung zu bringen, gleich, was dazu notwendig ist!« Sie meinen damit, dass wir in der Lage sein sollten, alte Verhaltensmuster, Beschränkungen, Glaubenssätze, Urteile loszulassen und uns ganz auf die neue Situation im Hier und Jetzt einzustellen.

Leichter gesagt, als getan. Wie oft ertappen wir uns dabei, über andere Menschen zu urteilen? Wie oft sind wir nicht in der Lage, uns bedingungslos zu vertrauen? Weshalb fällt es uns so schwer, schwierigen Herausforderungen des Lebens mit einer gewissen Leichtigkeit zu begegnen?

Auch hier wieder eine Erklärung vom Einfluss von Ku und Lono: Wie wir wissen, werden alle Emotionen in Ku gespeichert. Das bedeutet, jedes Gefühl, das wir je empfunden, jeden Schmerz, den wir je erlebt haben, jedes Schamgefühl oder jede Empfindung von Ungerechtigkeit oder mangelndem Selbstwert kann Ku in Sekundenschnelle abrufen. Es kann das Gefühl immer wieder hochholen und neu aufleben lassen.

Jedes Gefühl von Freude und Glück wird ebenso erlebt. Im Huna ermuntern wir deshalb die Menschen immer wieder, Gefühle und Momente des Glücks und der Freude auszudehnen – diesen Zustand so lange wie möglich auszuhalten und tiefer in diese Seligkeit einzutauchen.

Zugleich gilt es aber, Ku von altem Müll zu befreien, der sich in mangelndem Selbstwert, Schuld, Reue, Neid, Hass, Unzulänglichkeitsgefühlen oder anderen energieraubenden Energien zeigen kann.

Huna bietet über Ho'oponopono eine wunderbare Möglichkeit, Ku von Altlasten jeder Art zu transformieren und die blockierte Energie wieder zum Fließen zu bringen. Es geht nicht darum, jeden Glaubenssatz, jede Handlung oder jede Verletzung bis ins kleinste Detail wieder zu vertiefen, zu besprechen, einzutauchen oder gar noch mal zu durchleben, sondern einzig und allein um die Vergebung aller Missstände.

Vergebung, Verzeihung und Aussöhnung durch Ho'oponopono

Zunächst gilt es, die Situation, in der du dich befindest, wertungsfrei zu betrachten: »Ja, ich befinde mich momentan in einer schwierigen Lebensphase, ja, ich fühle mich momentan nicht gut.«

Es tut mir leid.

Der nächste Schritt ist der wichtigste, der zugleich oft der schwerste ist: Verzeihen. Beim Ho'oponopono wird dabei kein lapidares Lippenbekenntnis zelebriert, es bedeutet vielmehr die Bereitschaft in dir, dir für diese Situation zu verzeihen. Wie oft erlebe ich es in meiner Arbeit, dass die Menschen unglücklich mit einem Lebensumstand sind, aber zugleich nicht bereit, etwas in sich zu verändern? Dabei geht es gar nicht darum, einen anderen Menschen für eine unverzeihliche

Aktion zu vergeben und ihn in den Arm zu nehmen, sondern einzig und allein um die Bereitschaft in dir, dich liebevoll anzunehmen. Trotz und mit allem, was die unschöne Situation mit sich bringt. »Genau deshalb liebe ich mich auch. Und weil ich mich liebe, verzeihe ich mir. Ich verzeihe mir, weil ich vermeintlich Fehler gemacht habe. Ich verzeihe mir, mich in diese missliche Situation gebracht zu haben. Ich verzeihe mir, nicht gut genug für mich gesorgt zu haben.«

Ich verzeihe mir.

Der nächste Schritt ist nun die liebevolle Annahme aller Anteile in dir. Die Liebe in dir und für dich reifen zu lassen, dich auch und gerade dann zu lieben, wenn du dich gar nicht danach fühlst.

Ho'oponopono offenbart uns hier das wertvollste Geschenk, das wir uns selbst machen können. Bedingungslos und tiefer in die Eigenliebe einzutauchen.

Ich liebe mich. Danke.

Mit diesen vier Aussagen, die sehr viel mehr sind als die Summe der Worte, wird sich dein Leben grundsätzlich ändern, und du wirst immer tiefer in deine Liebe zu dir eintauchen können.

Erinnern wir uns an die Energiegesetze: Energie folgt der Aufmerksamkeit – und jetzt kann ich die Veränderung herbeiführen, jetzt ist der Augenblick da, diese Heilung zu zulassen. Mit Aloha, der Weisheit des Herzens, und mit der Schönheit meiner Seele.

Die vier Sätze zur Heilwerdung:

Es tut mir leid.
Ich verzeihe mir.
Ich liebe mich.
Danke.

Ursprünglich wurde Ho'oponopono vor allem für das Verzeihen von Fehlern anderer Menschen verwendet. Im Huna sprechen wir davon, dass wir einen Fehler nicht gutheißen oder eine Verletzung nicht einfach so hinnehmen müssen. Die hawaiianischen Schamanen wissen, dass wir über Ho'oponopono die Möglichkeit haben, die Energiestauungen, den Ärger, die Wut, die aufgrund des Fehlverhaltens entstanden sind, in uns wieder aufzulösen. Tauchen wir ein – immer tiefer – in unsere Liebe zu uns!

»Lass nichts anderes als Liebe zu.«

Als Abenteuer- oder Herzschamane kannst du heute, jetzt, in dieser Sekunde, Heilung erfahren, wenn du Ho'oponopono einfach und von ganzem Herzen zelebrierst. Das heißt: »Ich bin bereit, etwas dafür zu tun. Ich verzeihe mir selbst. Ich vergebe anderen. Ich nehme das Leben an. Ich söhne mich mit meinem Leben aus, so wie es bisher war. Ich bin bereit, es ab jetzt anders zu machen.«

Das Ritual des Ho'oponopono

Das Ritual ist einfach durchzuführen, die einzelnen Schritte haben wir ja bereits beschrieben. Du kannst Ho'oponopono allein, in der Gruppe, zu Hause, unterwegs oder auf Reisen anwenden – wichtig ist nur der aufrichtige Wunsch, in dir eine Missstimmung in Ordnung zu bringen. Erfahrungsgemäß ist es einfach, zunächst die kleinen, vermeintlichen Fehler durch Ho'oponopono zu heilen.

Wenn du zu Hause üben möchtest, dann reinige wieder deinen Raum. Umgib dich mit rosafarbenem Licht, Blumen oder Rosen; du kannst einen Rosenquarz zur Unterstützung hinzunehmen, ätherisches Rosenöl oder einfach rosafarbene Kerzen. Diese Farbe hilft dir, deine Liebe in dir zu vertiefen.

- Stimme dich in die Situation, die du verändern möchtest, ein. Frage dich: »Was habe ich nicht richtig gemacht? Wo habe ich ungeschickt oder ungünstig gehandelt? Was hätte ich anders machen können?« Erinnere dich auch daran, dass Huna nicht von Fehlern spricht, sondern von Erfahrungen, die gemacht werden. Bleib also in der Selbstliebe.

- Erster Schritt: »Es tut mir leid.« Sprich aufrichtig und ehrlich und am besten laut im Bewusstsein dieser Situation: »Es tut mir leid.« Spüre dabei, wie du dich fühlst, welche Emotionen Ku dir vermittelt.
- Zweiter Schritt: »Ich verzeihe mir.« Sprich auch diesen Satz aus und spüre noch tiefer in dich hinein. Frage dich: »Wie fühle ich mich, wenn ich mir verzeihe? Kann ich mir voll und ganz verzeihen?« Wenn sich der Satz noch nicht so ganz gut anfühlt, wiederhole ihn. »Ich verzeihe mir.« Sprich diesen Satz immer wieder aus. So lange, bis du spürst, dass sich etwas in dir verändert hat.
- Dritter Schritt: »Ich liebe mich.« Sprich diesen Satz, variiere ihn, wenn du magst: »Ich liebe mich. Auch deshalb. Auch in dieser Situation. Obwohl ich einiges anders hätte machen können. Ich liebe mich.« Wiederhole den Satz immer wieder, nimm den Rosenquarz oder das Öl, umgib dich in deiner Vorstellung mit rosafarbenem Licht. »Ich liebe mich.« Tauche immer tiefer ein. »Ich liebe mich. Ich liebe mich. Ich liebe mich.«
- Vierter Schritt: »Danke.« Sprich deine Worte des Dankes. »Danke für diese Erfahrung. Danke, dass ich heiler werde. Danke.«

HUNA-GLÜCKSTAGEBUCH

Notiere, wann und warum du Ho'oponopono gemacht hast. Wie es dir dabei ergangen ist. Welche Gefühle du hattest. Schreib vor allen Dingen auf, wie es dir jetzt geht. Welche Blockierungen sich gelöst haben. Tauche immer wieder ein in das Gefühl, dass das Herz leichter ist. Dass es dir besser geht. Du dich wohler fühlst. Auch wenn du nicht weißt, welcher Zauber gerade vollzogen wurde. Du heilst dein Herz. Wunderbar.

....

....

....

....

....

....

....

IKE

Der dritte Schritt:
Ich schaffe Bilder kreativer Möglichkeiten.

Im dritten Schritt der Huna-Glücksformel wird nun deine Kreativität angeregt. Du möchtest in deinem Leben oder in Teilaspekten glücklicher sein und bist auch bereit, für diese Veränderung etwas zu tun. Nun ist deine Fantasie gefragt. Wie soll sich dein Leben in Zukunft gestalten? Was möchtest du verändert haben?

Meist ist uns bewusst, was wir nicht mehr länger in unserem Leben haben möchten. Kannst du dir jedoch auch vorstellen, wie du glücklich, zufrieden und in dir ruhend dein Leben genießen willst? Was möchtest du? Sind es mehr materielle Wünsche und Ziele oder mehr spirituelle Erwartungen? Möchtest du Gesundheit manifestieren oder Wohlstand, eine liebevolle Partnerschaft oder einen anderen Job?

Es gibt keine Wünsche, so meinen die Kahunas, die nicht »richtig« sind! Alles ist gleichwertig und gleich wichtig, wenn du es jetzt in diesem Abschnitt deines Lebens willst und du – wie immer – niemandem dabei schadest. Es wird dir wenig helfen, einen spirituellen Höhenflug zu erleben und gleichzeitig deine Miete nicht mehr zahlen zu können. Dann wäre eine Veränderung deiner materiellen Situation wichtig. Ebenso solltest du ein tief wirkendes Transformationserlebnis nicht beiseiteschieben, nur weil du momentan nur mit irdischen Dingen beschäftigt bist.

Gerade in Phasen wie diesen, in denen die Zeit schneller zu vergehen scheint und die Energie der Erde sich vermehrt und beschleunigt, ist es wichtig zu wissen, welchen Schritt du als nächsten sinnvollerweise machen willst. Also wirst du dich fragen: »Was will ich jetzt – in dieser meiner Lebenssituation – verändern?«

Die Kahunas ermuntern uns: Stell dir vor, er, der Unaussprechliche, stünde jetzt, in diesem Moment, vor dir und würde dich fragen: »Geliebtes Kind, ich möchte alles, was auch du für dich willst. Was wünschst du dir?«

Jetzt ist deine Kreativität gefragt. Sicher kannst du dir vorstellen, mehr Geld zu besitzen oder ein neues Auto zu fahren. Es liegt sicher auch im Bereich deiner Fantasie, eine glückliche Partnerschaft zu leben oder dich in deinem Traumjob zufrieden und erfolgreich zu sehen. Spätestens bei den spirituellen Wachstumsschüben der Seele, die du auch in vermehrten Bewusstseinswahrnehmungen erleben kannst, wird aber deutlich, dass du dir vielleicht nicht so recht vorstellen kannst, wie du als erleuchtetes Wesen auf der Erde lebst.

Deine Fantasie und der dritte Schritt der Huna-Glücksformel werden dir dabei helfen, Bilder kreativer Möglichkeiten in die Realität zu bringen. Im Huna werden Träume in unser Leben integriert, weil wir uns das gewünschte Ergebnis fantasievoll vorstellen können und überzeugt sind, dass der Wunsch auch in Erfüllung geht. Huna bedeutet ja nicht von ungefähr »großes Geheimnis«.

Ein großes Geheimnis ist vielleicht deshalb so groß und scheinbar unerreichbar, weil es so einfach erscheint. Huna ist jedoch einfach. Unspektakulär und leicht auszuführen. Darin liegt die einzige und wichtigste Herausforderung für alle, die sich näher mit Huna auseinandersetzen oder das Glück über Huna in ihr Leben bringen möchten.

Wir sind es gewohnt, alles zu hinterfragen, zu reglementieren, Ge- oder Verbote einzuhalten. Wir haben für fast jede Frage eine wissenschaftliche Antwort, unser Leben läuft oft in vorgefertigten Bahnen und lässt nur wenig Spielraum zu. Unser bewusster Tagesverstand, Lono, kann immer nur auf Erfahrungswerte aus der Vergangenheit zurückgreifen und hat nur begrenzte Vorstellungskraft, wie ein Aspekt des Lebens oder eine Situation anders aussehen könnte. Du kannst Lono dennoch einsetzen, um dir eine Veränderung im Materiellen vorzustellen. Nutze die Intelligenz von deinem Verstand, um dir auszurechnen, wie viel Geld du mehr zur Verfügung haben willst oder welchen Traumjob du anstrebst. Für Planungen, die ein ganz konkretes materielles Ziel haben, ist Lono sehr wichtig.

Bei allen Wünschen jedoch, die sich mehr auf der emotionalen oder gefühlsmäßigen Ebene abspielen, ist Ku gefordert. Wir erinnern: Ku will Freude haben, Spaß und Leichtigkeit ins Leben integrieren. Also werden wir unsere Vorstellungskraft benutzen, um Träume in die Realität zu bringen, bei denen sich Ku wohlfühlt.

Ku hat aber auch alle bisherigen, negativen Emotionen gespeichert. Wir können diese »überschreiben« oder neutralisieren. Dazu benutzen wir wieder das Energiegesetz oder die Bewusstseinskraft von Ike: Die Welt ist das, wofür wir sie halten. Der bewusste Verstand (Lono) und unser Unterbewusstsein (Ku) arbeiten hier wieder eng zusammen. Lono visualisiert das gewünschte Ergebnis – Ku lässt uns die glückbringende Veränderung erleben.

Ein Ritual zu Ike: die Collage

Viele Menschen tun sich schwer, sich vorzustellen, was sie genau verändern möchten. Für sie bietet sich das Ritual der Collage an. Zur Vorbereitung brauchst du einen Bogen Karton, am besten bunt, nicht zu groß, aber auch nicht zu klein, Buntstifte, Kleber, jede Menge Zeitschriften, (auch hier: je bunter, desto besser) – und ein schönes Bild von dir. Ein Bild, auf dem du glücklich bist.

Zur Vorbereitung schaffst du dir wie immer einen geschützten und gereinigten Raum. Als Musik eignet sich alles, was sich leicht anfühlt. Du sollst dich wohlfühlen, am besten ist natürlich hawaiianische Musik.

- Nimm deinen Karton und bitte Ku, dir Bilder deines künftigen Lebens aufzuzeigen. In die Mitte des Kartons klebst du dann das Bild von dir. Lachend und glücklich. Du kannst das Bild mit einer positiven Information beschriften, zum Beispiel »Die glückliche Petra«.
- Breite dann die Zeitschriften vor dir aus und blättere scheinbar wahllos darin. Schneide alle Bilder aus, die dir gefallen. Ebenso alle Farben, die dich ansprechen, Worte, die dich inspirieren, Bilder von Sehnsucht und Ferne, von Wärme und Schönheit, von Harmonie oder Kraft – einfach alles, was dein Interesse erweckt, wird verwendet.
- Lass dir dabei viel Zeit – so viel, wie es braucht. Es bringt nichts, das Ritual im Schnelldurchlauf zu machen. Die Erfahrung zeigt, dass vor allem die Dinge, die nicht sofort unser Interesse erwecken, wichtige Informationen für uns enthalten können.
- Nun hast du einige Papierausschnitte vor dir. Jetzt klebst du diese Bilder auf deine Collage. Egal ob rechts oder links, oben oder unten – auch hier ist wieder nur dein Gefühl gefragt. Du kannst jederzeit die Bilder benennen oder bemalen, tu einfach das, was sich gut anfühlt. Irgendwann ist deine Collage fertig.

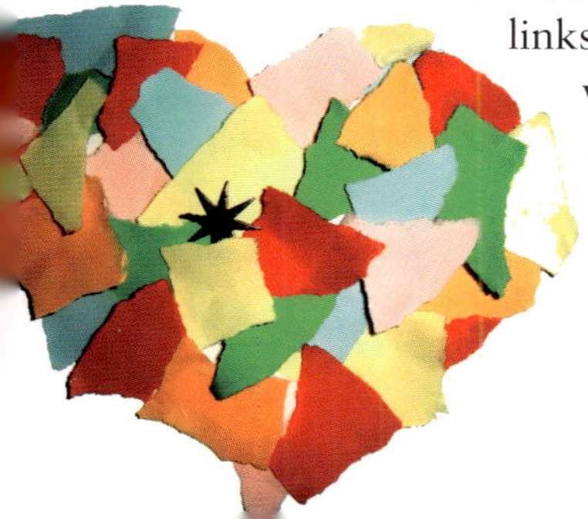

- Nimm dir dann die Zeit, sie näher zu betrachten. Welche Dinge sind im Vordergrund oder tauchen immer wieder auf? Hochzeitsringe und Hochzeitskleid und die Reise nach Hawaii? Dann ist es sehr klar, was du wirklich möchtest. Oder ein neues Kabrio und weite Landschaften, die scheinbar an dir vorüberziehen? Eine harmonisch wirkende Familie mit Kindern, Tannenbaum und Weihnachtskugeln? ... Natürlich gibt es in jeder Collage mehrere Aspekte – ein Thema wird aber den Vorrang haben und immer wieder in den Bildern aufscheinen.
- Bitte wenn möglich eine Freundin oder einen Freund, deine Collage zu betrachten. Was sieht sie/er darin? In welchem Teil deines Lebens willst du nun glücklicher sein?
- Du kannst die Collage jetzt auch noch verändern – etwas dazuschreiben oder noch ein Bild dazukleben, so lange, bis es sich gut und richtig anfühlt.
- Schließlich platzierst du die Collage an einem Ort, an dem du oft bist. Vielleicht in der Küche auf dem Kühlschrank oder in deinem Wohnzimmer – wichtig ist nur, dass du sie möglichst oft siehst und die Gefühle von Glück, Freiheit oder Familie immer wieder aufkommen, wachsen und gedeihen können.

In meinen Huna-Kursen erlebe ich es immer wieder, dass oft detailgetreu die Bilder aus der Collage in die Realität integriert werden. Du kannst die Wirkung der Collage noch steigern, indem du jedes Mal, wenn du sie siehst, dir selbst gutes Gelingen und Glück wünschst und so deinen künftigen Weg segnest. Auch das ist Huna. Glücklich werden. Ganz einfach.

Eine Meditation zu Ike: Gespräch mit Ku

Diese Meditation solltest du am allerbesten täglich tun, dann ist sie höchst wirkungsvoll. Bereite dich auch hierauf vor, indem du dich und deine Umgebung reinigst und dir einen geschützten, durchlichteten Raum schaffst, in dem du dich wohlfühlst.

- Nimm eine Meditationshaltung ein, in der deine Wirbelsäule aufrecht ist. Nun beobachte deinen Atem, er kommt und geht, gleichmäßig und ruhig.
- Deine Aufmerksamkeit richtet sich nun langsam auf dein Drittes Auge, das zwischen den Augenbrauen und etwas darüber ist. Du stellst dir vor, dass dieser Raum größer wird, sich ausweitet, so als würde sich dein Drittes Auge weiten.
- Visualisiere nun ein leuchtendes violettes Licht, das in dir wirkt.
- Nun nimmst du Kontakt zu deinem Ku auf. Sprich in Gedanken mit deinem Ku: »Mein liebes Ku, mein lie-

bes unteres Selbst, ich bin ab heute täglich mit dir verbunden und genießen unseren Kontakt. Ich bitte dich, mir Bilder zu liefern, was wir beide nun in unserem Leben verändern wollen oder in welchen Bereichen wir eine Verbesserung haben möchten.«

- Warte nun, welche Bilder Ku dir schenkt, und genieße dich in dieser Meditation, die ausschließlich und allein dir gewidmet ist.
- Es ist wichtig, die dazugehörigen Gefühle ebenso mitzuerleben und ihnen Raum zu geben: Wie fühlst du dich, wenn du den Traumjob hast? Wie glücklich bist du in deiner neuen, harmonischen Partnerschaft? Welche tiefe Freude empfindest du dabei, eine Familie zu gründen? Bleib in diesem positiven Grundgefühl – so lange wie möglich.
- Verabschiede dich zum Abschluss mit einem Dank aus der Kommunikation mit Ku.

Anfänglich kann es sein, dass du etwas Geduld brauchst, bis die Kommunikation mit Ku reibungslos verläuft. Dein Ku war es bis dato ja nicht gewohnt, mit dir zu kommunizieren. Alle Bilder jedoch, die du in dieser Meditation erhältst, werden von Ku und damit vom Unterbewusstsein geformt und ins Bewusstsein transportiert.

Huna-Glückstagebuch

Verewige in deinem Huna-Glückstagebuch alle glücklichen Momente und Emotionen sowie alle Bilder der kreativen Möglichkeiten aus der Meditation. Wenn du einfach mehr Geld haben willst, dann schreib die Summe auf, die du brauchst. Geld ist für unser Ku nicht so einfach zu begreifen. Was bedeutet mehr Geld für dich? Mehr Luxus, weniger Arbeit, schöne Klamotten, mehr Reisen? Hier ist Lono gefordert – für die Vermehrung von Geld ist es wichtig, den Wunsch, den wir mit mehr Geld umsetzen wollen, zu realisieren – nicht den Begriff »mehr Geld«. Gib in so einem Fall also so konkret wie möglich alles an, was du mit mehr Geld in Verbindung bringst. Und schreib klar auf: Welche Summe benötigst du?

Je reeller wir die Situation einschätzen, desto besser. Weniger Geld zu haben, als wir brauchen, nützt wenig. Zu viel Geld kann unser Ku unter Umständen aber nicht akzeptieren, weil es nicht glauben kann, von einem Tag auf den anderen im Überfluss zu leben. Huna schafft auch bei dieser Sache Klarheit.

....

....

MANA

Der vierte Schritt:
Ich sammle Energie in mir.

Beim vierten Schritt der Huna-Glücksformel werden wir aufgefordert, selbst aktiv einzugreifen und Energien zu sammeln. Jedes Ritual im Huna erfordert Energie oder Kraft. Im Huna sprechen wir von Mana, wenn es um Energie, Kraft oder Macht geht. Mana wird in wellenförmigen Bewegungen dargestellt und zeigt damit auch an, dass durch Aktivität etwas zum Fließen kommt oder in den Flow, wie es so schön heißt.

Mana ist jedoch viel mehr als Energie – es wird im Huna mit Kraft und in der Steigerung davon auch mit Macht in Verbindung gebracht. Viele von uns haben jedoch Angst vor ihrer eigenen Kraft oder Macht – nicht zuletzt deswegen, weil das Wort in der Vergangenheit oft missbraucht wurde.

Um in ein Geschehen aktiv einzugreifen, eine Situation zu verändern, einen Lebensumstand zu transformieren oder ein Ritual sinnvoll zu zelebrieren, brauchen wir mehr als Energie. Wir benötigen Kraft, die sich in Form von Macht zeigt. Schamanen besitzen die Macht, Dinge zu verändern. Sie wissen um ihre Macht, die es ihnen ermöglicht, sich in parallelen Welten aufzuhalten, durch Gebete oder Segnungen Harmonie zu erzeugen oder Heilungen durchzuführen. Huna ermuntert uns, es den Schamanen gleichzutun. Jeder ist in der Lage, seine eigene Lebenssituation positiver zu gestalten, und sei es nur, indem er seine eigene innere Haltung dazu ändert. Um das zu erreichen, brauchen wir Kraft, Energie und im weiteren Sinne eben Macht. Wir sind mächtige Wesenheiten – Huna will uns daran erinnern.

Wie immer gilt auch hier das oberste Gesetz des Huna, bei allen Veränderungen und bei allem Machtgebrauch, immer nur zum Wohle des großen Ganzen zu agieren und nichts zu tun, was anderen schaden könnte.

Damit können wir auch die Angst vor unserer eigenen Kraft loslassen. Viele von uns kennen das Phänomen: Wir wissen ganz genau, dass wir etwas positiv verändern könnten, und kennen vielleicht sogar den Weg dorthin. Alles wäre eigentlich ganz einfach – und doch hält uns anscheinend eine unsichtbare Kraft auf, in unsere eigene Energie zu kommen. Nelson Mandela hatte dieses Phänomen in seiner Antrittsrede so treffend formuliert: »Unsere tiefste Angst ist es nicht, ungenügend zu sein. Unsere tiefste Angst ist es, dass wir über alle Maßen kraftvoll sind.«

Mächtig zu sein – was bedeutet das für dich?

Es mag sein, dass du dich zunächst etwas unsicher fühlst bei dem Gedanken, viel Kraft oder sogar Macht zu haben. Mächtig zu sein bedeutet auch, die Verantwortung für all dein Tun selbst zu übernehmen. Daraus folgt, dass du nicht mehr andere Menschen oder negative Verhaltensmuster für vielleicht widrige Situationen verantwortlich machen kannst.

Ein mächtiger Mensch ist jemand, der weise und klug mit der ihm innewohnenden Kraft umgeht. Wir brauchen Macht, um Dinge zu verändern. Je größer die Veränderung, desto mehr Kraft ist vonnöten. Für wirklich riesige Projekte wird viel Energieeinsatz und vielleicht die Kraft von mehreren Personen gebraucht.

Den schönsten Energiezuwachs erfährst du, wenn du anderen Menschen hilfst, in ihre eigene Kraft zu kommen. Immer, wenn du jemandem hilfst, eine höhere Wahl zu treffen, setzt Heilung ein, das lehrt uns Huna. Eine höhere Wahl bedeutet hier, den Menschen zu helfen, dass sie sich größer, freier, mächtiger, freudiger, erfüllter fühlen – mit mehr Eigenverantwortung für ihr Leben.

Huna zeigt uns also, wie wir durch die Stärkung anderer Menschen selbst zu mehr Heil und Kraft gelangen. Jede Heilung braucht Kraft. Denken wir an die chronischen Krankheiten, die sich oft über viele Jahre hindurch langsam im Körper entwickeln. Da bedarf es dann später eines ständigen Energieaufwands, um Linderung oder gar Heilung zu bewirken. Wir spüren, wie ein akuter Infekt unser System völlig lahmlegen kann und wie viel Energie wir brauchen, um wieder gesund und leistungsfähig zu werden. Dazu benötigen wir vielleicht Bettruhe, homöopathische oder allopathische Präparate, eine liebevolle Betreuung und viel Zeit. Ein guter Arzt, Heiler oder Schamane wird deshalb alles unternehmen, um seine eigene Kraft zu stärken und sein Energiereservoir stetig neu aufzufüllen.

Die größte und stärkste Kraft oder Macht ist jedoch die Liebe. Huna will uns lehren, die Liebe zu uns und die Liebe zu allem, was um uns herum ist, die Liebe zu den Menschen, zur Umwelt, zur Schöpfung zu vermehren. Vielleicht wirkt Huna auch deshalb so gut: weil mit Liebe alles heil wird. Wirklich gute Heiler sind Menschen, in deren Nähe du dich wohlfühlst. Sie strahlen ein Gefühl von Wärme, Sicherheit und Geborgenheit aus, und du spürst die innere Liebe, die sie trägt. Eine Liebe, die im Dialog mit den Menschen genährt wird, eine Liebe, die dich die eigene Seelenliebe erfahren lässt, eine Liebe, die stärker wirkt als jede andere Energie. Macht und Liebe – ein scheinbarer Gegensatz, im Huna zu einer göttlichen Einheit verbunden.

Wir sind beim vierten Schritt. Du hast dich entschlossen, eine Situation zu verändern. Du bist bereit, dich dafür einzubringen und hast bereits über Ku und Lono mögliche Bilder der Transformation entworfen. Nun brauchst du Kraft, um die Veränderung durchzuführen. Energie, die mehr als nur bloße Kraft ist – Mana, das Wissen um deine innere Fähigkeit, Dinge zu verändern. Du vermehrst vor allem die Liebe in dir. Du sammelst Kraft. Es ist so, als würdest du alle Energien von außen nach innen ziehen. So wie es die Yogis kurz vor der Meditation machen. Auch sie sammeln die Kraft, um diese Energie dann für die innere Wahrnehmung zu verwenden.

Wahrscheinlich ist dir noch gar nicht so bewusst, dass du auch im Alltag Kraft sammelst. Du ernährst dich vielleicht gesund, und so gewinnst du mehr Energie, weil die Nahrung hochwertig ist und vom Körper gut verwertet werden kann. Du sorgst damit liebevoll für dich selbst. Du trinkst gutes Quellwasser – die Energie der Berge, der vielen Gesteinsschichten, durch die das Wasser fließt und deren Schwingung es aufnimmt – alles trägt Kraft in sich. Vielleicht meditierst du täglich oder übst Yoga – auch hier vermehrt sich, vor allem durch Atemübungen, deine Energie. Du bist mit dir im Einklang und dein Atem trägt dich, du bist mit deiner eigenen Liebe zu dir verbunden.

Chi Gong oder Tai Chi regen ebenso den Energiefluss an, aber auch das ganz »normale« Wandern an der frischen Luft, am Meer oder am besten in den Bergen bringt wieder mehr Kraft in unseren Körper. Sowohl auf der physischen wie auch auf der psychischen Ebene. All diese Beispiele zeigen auf, wie viel Kraft, Macht du bereits jetzt in dir sammelst und dass du auf dem besten Weg bist, ein »Liebesstrahler« zu werden. Je mehr Liebe in dir, desto größer ist deine Macht. Wie schön, wenn die weisen Seelen – und irgendwann die bislang rein äußerlich mächtigen Menschen – dieses Geheimnis erfahren und es anwenden.

Jeder Mensch hat seine eigenen Energiequellen und damit seine Rituale, um seine Kraft zu vermehren. Wir stellen hier zwei Rituale vor, die wir im Huna gebrauchen können, um mehr Kraft zu erfahren.

Mana-Hochaufladung

Im Huna gibt es mehrere Methoden der Mana-Hochaufladung, eine stellen wir an dieser Stelle vor. Bereite dich wieder gut vor: Dein Raum ist sauber, deine Gedanken sind geordnet (Gedankenhygiene gehört immer dazu).

- Nimm den Meditationssitz oder eine lockere aufrechte Sitzhaltung ein.
- Nun denke an den Energielevel in dir, und stell dir die Situation vor, die du jetzt verändern willst. Dann bittest du Ku, die Energie, die du jetzt sammelst, zu mehren und zu speichern.
- Du nimmst einige tiefe Atemzüge und entspannst dich mit der Atmung. Dir ist klar, dass du mit jeder Einatmung noch mehr Kraft sammelst: einatmen – Kraft sammeln.

- Dann atmest du sieben Mal in deinen Bauchraum, so als würdest du dein Ku mit Energie auffüllen. Bitte dein Ku, diese Energie weiter zu Lono zu schicken.
- Wieder atmest du sieben Mal in Richtung Brustraum und stellst dir vor, dass die Energie von Ku nun vermehrt Lono zur Verfügung steht.
- Dann bittest du wieder Ku, diese aufgebaute Energie Kane zu schenken – und jetzt atmest du sieben Mal in Richtung Kopfbereich, und wenn du dir das vorstellen kannst, bis zum Kronenchakra hinauf, also bis zum Scheitel.

Du wirst nach Beendigung der Übung spüren, wie sich dein Energielevel verändert hat. Vermutlich hast du jetzt auch eine klarere Sichtweise deiner jetzigen Lebenssituation oder deines Problems.

Pranayama

Jede Atemtechnik aus dem Yoga eignet sich ebenso, die Kraft in dir zu vermehren. Besonders wirkungsvoll ist die yogische Vollatmung. Eine erfahrene Yogalehrerin wird dir sicher gern helfen, diese Atemübung zu lernen. Mit etwas Vorerfahrung reicht dir aber auch die folgende Beschreibung.

- Setze dich gerade oder direkt im Meditationssitz hin, die Wirbelsäule sollte wirklich aufgerichtet sein.

- Nimm wieder einige Atemzüge, um dich zu zentrieren.
- Dann atme aus, um die Lungen wirklich von der verbrauchten Luft zu leeren.
- Atme jetzt ein: ein Drittel der Luft in den Bauchraum, das nächste Drittel in den Brustraum, und das letzte Drittel der Luft lenkst du in den Bereich des Schlüsselbeins.
- Atme wieder voll aus.
- Wiederhole den Zyklus noch sechs Mal.

Wichtig ist, wie bei allen Übungen und Ritualen, deine Vorstellungskraft. So auch hier: Du spürst die Energie in dir, du nimmt wahr, wie sie sich mit jeder Einatmung vermehrt, du weitest deinen Brustraum und spürst auch energetisch den Kraftzuwachs.

Es gibt zahlreiche weitere Methoden, um deine Energie zu vermehren. Du kannst einen Baum umarmen, um dessen Energie aufzunehmen. Du kannst auf einen Berg gehen und dich an der Natur erfreuen, eine gute Mediation ausführen oder ein schönes Musikstück hören. All das nährt deine Seele und die Liebe zu deiner Seele. Alles, was du mit Liebe für dich tust oder womit du dich liebevoll verwöhnen lässt – all das mehrt die Macht in dir.

MAHALO!

Huna-Glückstagebuch

Beantworte in Ruhe diese Fragen für dich: Vor welcher Macht habe ich Angst? In welchem Lebensbereich kann ich mir gut vorstellen, meine schon vorhandene Macht oder Kraft noch besser und vermehrt einzusetzen? Welche Energie, Kraft oder Macht in mir möchte ich stärken?

....

....

....

....

....

....

....

....

....

MANAWA

Der fünfte Schritt: Ich gehe in meine Kraft.

Der fünfte Schritt zur Verwirklichung der Huna-Glücksformel bedeutet, im Hier und Jetzt zu sein. Wirkliche Veränderung geschieht nur in einem einzigen Moment – in dem Augenblick, in dem du dich dazu entscheidest. Damit erlebst du sofort die Transformation. Im Hier und Jetzt leben bedeutet für uns, die Vergangenheit ruhen zu lassen. Sie als das zu sehen, was sie ist: vergangen. Du wirst die Vergangenheit nicht besser machen, wenn du immer daran denkst.

Die Zukunft ist noch nicht da, sie liegt in der Ferne. Sich darüber Sorgen zu machen oder sich auszumalen, was alles geschehen kann, ist verlorene Energie. Was wirklich zählt und auch etwas verändert, ist dieser eine Moment, in dem du dich dazu entscheidest und deine Kraft zur Verwirklichung deiner Pläne einsetzt.

Huna erinnert uns daran, dass wir jederzeit in der Lage sind, eine Veränderung vorzunehmen. Wenn es dir nicht gut geht, so meinen die Kahunas, dann entscheide neu. Wir besitzen die Kraft, in jedem Moment des Lebens eine neue Wahl zu treffen, um das Leben freudiger oder harmonischer zu gestalten. Wir sind dabei nicht einmal auf äußere Rahmenbedingungen angewiesen. Selbst in schwierigen Lebenssituationen können wir jederzeit aufgrund einer veränderten inneren Grundhaltung eine positive Wendung herbeiführen.

Huna ist so einfach und doch so tief greifend transformierend. Die Herausforderung beim fünften Schritt besteht einfach darin, dass du die Entscheidung, etwas zu verbessern, in diesem Moment, in diesem Augenblick treffen musst. Nicht morgen und nicht übermorgen; und auch vermeintliche Fehler aus der Vergangenheit sind nur Schritte auf unserem Lebensweg.

Eine negative Erfahrung wird nicht besser, wenn du sie immer wieder machst – auch daran erinnert uns Huna. In vielen Therapieformen werden Traumata aus dem Unterbewusstsein hochgeholt, um sie wieder aufleben zu lassen. Der frühere Schmerz wird dann nochmals durchlebt, und womöglich folgen stundenlange Gespräche über die früheren Qualen. Dadurch werden Traumata aber nicht geheilt – vielmehr wird dem Problem noch mehr Energie gegeben.

Heilung geschieht immer in der Gegenwart. Wenn du bereit bist, alte Traumata loszulassen, Verletzungen abzuheilen, Hilfe anzunehmen, harmonischer und gesünder zu werden, mach dir immer wieder klar: Alle Wunden der Vergangenheit sind vergangen. Es ist vorbei. Du lebst jetzt. Alles ist gut.

Auch das ist Huna.

Eigenartigerweise brauchen wir für diesen Schritt Kraft – Kraft und Mut zur Heilung. Je mehr wir uns mit Huna beschäftigen, desto häufiger und intensiver werden wir unsere Kraft spüren und sie zur Veränderung der Lebenssituation einsetzen. Wir spüren den Mut in uns, die günstigste Gelegenheit zu nutzen – und die ist JETZT.

Ku, unser Unterbewusstsein, und Lono, unser Verstand, arbeiten dabei eng zusammen. Wie wir schon wissen, speichert Ku alle Emotionen. Von allen Lebensumständen in diesem Leben, aber auch aus alten Inkarnationen. Unser Ku kann bei der Erinnerung an alte Erfahrungen augenblicklich die Gefühle dazu aufleben lassen. Auch das ist seine Aufgabe.

Lono, der Verstand, bewertet die jeweiligen Situationen. Das Tagesbewusstsein kann jedoch nur auf Erfahrungen aus der Vergangenheit zurückgreifen – jede Zukunft ist für Lono oft nur nebulös vorstellbar, und deshalb sind die entsprechenden Gedanken auch nicht unbedingt verwertbar. Lono wird Gedanken an die Zukunft also mit den Erfahrungen der Vergangenheit vergleichen.

Stellen wir uns nun vor, wir sind in einer Lebenssituation, die sich nicht so toll anfühlt. Wir möchten ja aus diesem Grund eine Veränderung und wenden die Huna-Glücksformel an. Lono kennt jedoch nur die alten Erfahrungen – und die waren bei diesem Aspekt nicht besonders schön. Lono greift also auf die gewohnten unschönen Erfahrungen zurück und Ku liefert uns sofort die Gefühle dazu.

Bei Liebeskummer aus der Vergangenheit beispielsweise, wird dir Lono immer wieder erzählen, wie oft du schon eine negative Erfahrung mit den Partnern durchlitten hast, und dich eher ermutigen, als Single zu leben, um Verletzungen zu vermeiden. Du spürst aber die Sehnsucht in dir, eine liebevolle Partnerschaft einzugehen. Du nimmst das süße Ziehen im Herzen wahr, wohlige Wärme, Weichheit und träumst bei einem Liebesroman von der ewigen, großen Liebe. Spätestens jetzt wird Lono vehement eingreifen. Er wird dich daran erinnern, wie viele schlaflose Nächte du mit Liebeskummer verbracht hast, wie viele Verletzungen du erlitten hast und wie oft du enttäuscht wurdest. Und natürlich liefert Ku sofort die Gefühle dazu. Aus einem schönen Lie-

bestaumel mit der Bereitschaft, es noch mal zu versuchen, dich nochmals der Liebe hinzugeben, wird der Verstand dich herausreißen und dich reglementieren wollen.

Jetzt hast du die Wahl: Willst du in diesem Gefühl ständig stecken bleiben und dir vorschreiben lassen, dass die Liebe ein unnützes Ding sei – oder bist du bereit, jetzt, in diesem Augenblick, den Schmerz der Vergangenheit loszulassen und mit deiner Kraft eine Veränderung zuzulassen? In dem Moment, in dem du deine Energie dafür verwendest, dein Problem zu heilen, löst es sich auf.

So einfach ist Huna.

Damit dieser Schritt tatsächlich vollzogen werden kann, brauchst du die Kraft, die du im letzten Schritt gesammelt hast. Sicher kennst du Bilder, auf denen Schamanen oder Zauberer dargestellt werden, wenn sie in tiefer Trance sitzen und sich auf einen einzigen Punkt konzentrieren. In der Astrologie wird das Sternzeichen des Schützen auch so symbolisiert. Der Schütze nimmt Pfeil und Bogen, und du spürst die Konzentration auf das Ziel und die Komprimierung der Energie.

So wie der Zauberer, der Schamane, der Yogi oder der Schütze sammelst du Kraft in dir – und nimmst deine Kraft und damit deine Macht ganz bewusst wahr. Jetzt, in diesem

Moment. Du spürst dich in deiner ganzen Präsenz.
Es fühlt sich so an, als würdest du deine Aufmerksamkeit und deine Energie von außen mehr auf dein Innerstes lenken. Konzentriert und kraftvoll. Du lenkst die Energie in dir von der Peripherie in dein Innerstes. Du spürst, wie sie dorthin fließt.

Dieser Schritt erfordert etwas Übung. Unser feinstofflicher Körper ist es in der Regel nicht gewohnt, so viel Energie auf einmal auszuhalten. Es ist so, als würdest du einen energetischen Muskel, der zuvor schwach war, nun trainieren und kräftigen. Je mehr Energie du zur Verfügung hast, desto schneller und mächtiger ist das Ergebnis. Jetzt, in diesem Augenblick, veränderst du die Welt, weil du in deine Macht gehst.

Es gibt etliche Rituale und Übungen, die sich eignen, um das Prinzip von Manawa zu verstärken.

Yoga-Asanas

Jede Yogaübung eignet sich dazu. Im Yoga lernen wir, die einzelnen Asanas (Haltungen) langsam und behutsam einzunehmen. Dann lenken wir die Konzentration auf die Atmung und beginnen, uns meditativ in die Position einzuspüren. Wir

beginnen, die Energien immer mehr von der Peripherie ins Innere zu lenken, und spüren so die Kraft in uns.

Wenn du beginnen möchtest, Yoga zu praktizieren, solltest du dir eine erfahrene Lehrerin oder einen guten Lehrer dafür suchen und regelmäßig üben.

Meditation

In einer speziellen Meditationstechnik, in der wir die Energien in uns spüren, lenken wir die Aufmerksamkeit zunächst auf unsere Atembewegung. Übe auch dies am besten in einer ruhigen und geschützten Atmosphäre.

- Setz dich in den Meditationssitz oder eine andere aufrechte Haltung.
- Mit jeder Einatmung nimmst du nun in der Vorstellung Kraft und Energie auf und lässt diesen vermehrten Energiefluss in dein Inneres strömen.
- Mit jeder Ausatmung lässt du los. Alles, was gestern war, alles, was heute war. Alles, was du nicht mehr brauchst, atmest du in der Vorstellung aus.
- Einatmen, Kraft tanken, ausatmen, loslassen.
- Diesen Atemzyklus übst du so lange, bis du merkst, dass du ruhig geworden bist.
- Nun stellst du dir vor, dass du dich mit jeder Einatmung ausdehnst. So, als würdest du weiter werden

und immer mehr Raum und Energien in dir und um dich herum spüren. So, wie sich ein Schmetterling ausdehnt und in die Lüfte erhebt. Du spürst, wie du weiter wirst.

- Mit jeder Ausatmung sinkst du mehr und mehr in dich hinein, so, als würdest du immer kleiner und kleiner werden und noch tiefer in dich eindringen.
- Diese Übung machst du so lange, bis es dir mühelos gelingt, die Energien auszudehnen und dann ganz komprimiert in dir zu spüren.
- Im letzten Teil der Meditation lenkst du mehr Aufmerksamkeit auf deinen Ausatem – und nimmst wahr, wie du die Energien immer mehr zentrierst. Wie du mehr und mehr in dein Innerstes vordringst, tiefer und tiefer in dich selbst hinabsinkst. Du sammelst die vermehrte Energie, die dir jetzt zur Verfügung steht, in dir. Du spürst die Kraft und Macht in dir.

Meditatives Werken

Jede Art des meditativen Arbeitens eignet sich, die Energien in dir wahrzunehmen und ganz zur inneren Mitte und damit zur Kraftquelle in dir zu gelangen. Ich (Petra) stricke leidenschaftlich gern. In einer besonders schwierigen privaten Situation – der Sohn eines Freundes war auf der Kinderkrebsstation – habe ich kurzerhand während der Wartezeit und des Beobachtens all der erkrankten Kinder und verzweifelten Eltern mein Strickzeug genommen. Ich konnte feststellen, wie einfach es mir nun gelang, bei mir zu bleiben, den Augenblick wahrzunehmen und ganz in meiner Mitte und damit in meiner Kraft zu bleiben.

Dasselbe gilt natürlich für jede Art von Handwerk. Immer, wenn du etwas mit viel Liebe und Aufmerksamkeit machst, mit ganzem Herzen bei der Sache bist, bleibst du automatisch in deiner Energie und damit spürbar in deiner Kraft.

Musik hören kann ebenso eine Hilfe sein, um die eigene Mitte wahrzunehmen. Das besondere Klangerlebnis lässt dich mehr zu dir selbst kommen, deine Aufmerksamkeit richtet sich auf die Musik und wird daher natürlich und selbstverständlich in dein Innerstes gelenkt. Ebenso ist es, wenn du selbst ein Instrument spielst. Auch hier entwickelst du die Fähigkeit, dich auf dich selbst zu besinnen und die Energien in dir zu festigen.

Die Liste der Möglichkeiten, die eigene Kraft wahrzunehmen und zu mehren, lässt sich fast unendlich ausdehnen. Jede bewusste Tätigkeit, ob das nun Wandern oder die Gartenarbeit ist, Lesen oder natürlich auch Meditieren – all dies bringt dich in deine innere Kraft und Stärke. Und damit öffnet sich die Tür zum nächsten Schritt.

Huna-Glückstagebuch

In deinem Huna-Glückstagebuch kannst du bei diesem Schritt alle Situationen beschreiben, in denen du dir jetzt erlaubst, eine sofortige Veränderung deiner Lebensumstände vorzunehmen.

Mache dir auch Notizen darüber, bei welcher Gelegenheit es dir gelingt, dich ganz zu zentrieren. Wo erfährst du die meiste Energie? Welche Farbe bringt dich mehr zu dir selbst? Wo spürst du viel Kraft und Stärke? Wo spürst du die Wirkung von Manawa, dem fünften Schritt: Ich gehe in meine Kraft?

....

....

....

....

....

....

MAKIA

Der sechste Schritt: Ich entscheide mich und tu etwas

Du hast dich bereits entschieden, dein Leben zu verbessern und dich glücklicher zu fühlen. Die ersten Schritte sind dir bewusst, du hast sie wahrscheinlich bereits ausgeführt. Bei diesem nächsten Schritt in der Huna-Glücksformel geht es um die zielgerichtete Aufmerksamkeit auf das Erwünschte. In den vorherigen Schritten war es wichtig, dir bewusst zu machen, was du willst, dir für etwaige Versäumnisse in der Vergangenheit zu verzeihen, Kraft und Energie wahrzunehmen und zu sammeln. Jetzt ist es entscheidend, das gewünschte Ziel ganz konkret in Augenschein zu nehmen und dich nur auf diesen einzigen wichtigen Punkt zu konzentrieren.

Im Huna gibt es ein sehr wichtiges Energiegesetz, das für diesen Schritt von Makia von entscheidender Bedeutung ist:

ENERGIE FOLGT DER AUFMERKSAMKEIT.

Das bedeutet für uns, dass wir nur dann erfolgreich ein Ziel verwirklichen können, wenn wir unsere gesamte Aufmerksamkeit auf das Gewünschte lenken. Jeder Zweifel, jede noch so kleine Unaufmerksamkeit könnte uns von unserem Ziel abbringen. Es bedarf einiger Übung dazu, unsere ganze Kraft, unseren vollen Energieeinsatz und alle Aufmerksamkeit auf das einzig und allein wichtige Ziel zu lenken.

Für unseren ganz normalen Alltag und die natürliche Gestaltung der Lebensumstände heißt das: Je mehr wir unsere Aufmerksamkeit auf eine Situation lenken, desto mehr denken wir daran, beschäftigen uns damit und ziehen dann die entsprechenden Umstände an. Dies gilt für positive sowie für negative Aspekte. Oft wird hier auch vom Resonanzphänomen gesprochen. Das, was uns am meisten bewegt, zeigt sich im Alltag. Das, was wir fürchten, ziehen wir an.

Die Dinge, die unser Herz berühren und unsere Seele beflügeln, gestalten unser Leben positiver und glücklicher.

Ein alter Therapiespruch aus der Heilpraktikerschule lautet deshalb auch: »Dort, wo die Angst sitzt, da geht's lang.« Die Angst zeigt uns, wo die Blockierung liegt und die Aufmerksamkeit hingezogen wird – und wo damit unsere Energie versandet.

Unsere Energie ist viel zu wertvoll, als dass sie in irgendwelchen dunklen Kanälen verschwinden sollte. Oder dass wir unbewusst Dinge tun, die wir eigentlich nicht wollen – Gedanken hegen, die uns nicht guttun, Gewohnheiten pflegen, die uns schädigen.

Hier setzt etwas an, das auch in vielen spirituellen Schriften erwähnt wird und worauf uns viele Meister hinweisen: die Notwendigkeit der Gedankenhygiene. Im Alltag geht das ganz praktisch, indem du dich fragst: »Ist dieser Gedanke, den ich jetzt habe, aufbauend für mich? Stärkt er mich, bringt er mich in meine Mitte oder ziehe ich es vor, destruktive, negative Gedanken zuzulassen?« Die Gedanken kommen ja schließlich nicht von einer fremden Person – sie sind dein Werk! Sie kommen aus der Vergangenheit und sie formen die Zukunft, sie gestalten dein künftiges Leben.

Die Kahunas meinen:

ES GIBT KEINE NEUTRALEN GEDANKEN.
GEDANKEN HABEN IMMER EINEN AUFBAUENDEN
ODER ABBAUENDEN CHARAKTER.

Und die Gedanken kommen nicht vom Himmel geflogen oder werden dir von einer anderen Person aufgezwungen. Du selbst entscheidest in jeder Sekunde deines Lebens, welchem Gedanken du deine Aufmerksamkeit schenken willst. Vermutlich ist uns die Tragweite, was unsere eigenen Gedanken bewirken, nicht wirklich bewusst. Ein Grund mehr, tiefer in den Aspekt von Makia einzutauchen.

Unsere Gedanken formen unsere Wirklichkeit. Die Zukunft gestaltet sich aus den Gedanken von heute, die wiederum aus den Erfahrungen der Vergangenheit geprägt werden und davon, was wir über diese Erfahrungen gedacht, also wie wir sie bewertet haben.

Viele von uns wissen wahrscheinlich auch nicht, dass jeder Gedanke eine Art von energetischem Muster im Gehirnstoffwechsel hinterlässt. Die Komplexität des Hormonhaushaltes ist bis heute wissenschaftlich nur ansatzweise nachvollziehbar. Medizinisch ist aber bekannt, dass gerade unsere Hormone auch die Stimmungslage in uns produzieren. Und diese Hormone sind von unseren Gedanken mit abhängig.

Das bedeutet: Jeder negative Gedanke verändert deinen Gehirnstoffwechsel auf negative Art. Die hormonelle Situation und die Veränderung des Gehirnstoffwechsels können dann zu destruktivem oder verworrenem Denken, zu depressiver Lethargie oder zu vermehrten Ängsten führen, um nur einige mögliche Folgen aufzuführen.

Auf der anderen Seite vermehren Glücksmomente, beispielsweise in der Meditation, das Glück in dir, positive Gedanken führen zu einer gesunden, harmonischen Lebenseinstellung und durch den veränderten Gehirnstoffwechsel werden immer mehr Glückshormone wie Endorphine gebildet. Grund genug, ab heute nur noch positive Gedanken zuzulassen!

Energie folgt der Aufmerksamkeit – das Gesetz von Makia ist besonders wichtig, um den sechsten Schritt der Huna-Glücksformel zu vollbringen. Hier lehrt uns die Weisheit von Huna:

DER ENERGIE, DER DU ERLAUBST, DURCH DICH ZU WIRKEN, ENTSCHEIDET ÜBER DEIN ZIEL.

Du entscheidest in jedem Moment, welche Energie durch dich fließen darf. Du kreierst in jedem Augenblick dein Leben. Welcher Energie erlaubst du, in dir zu wirken? Für den sechsten Schritt bedeutet das konkret: Welche Entscheidung hast du getroffen? Was willst du tun, um dein Ziel zu erreichen?

Anders ausgedrückt: Welchen Wunsch möchtest du erfüllt haben? Und was kannst du dafür tun, dieses Ziel zu erreichen?

Du kannst dich jetzt, in diesem Moment, mit all deiner Kraft für eine glückliche Zukunft oder für einen heilenden Aspekt in deinem Leben entscheiden. Dann lass nur noch positive Gedanken zu, vermeide alles, was dich in dieser Entscheidung hindern oder von deinem Weg abbringen könnte, und lass nicht mal einen Hauch eines Zweifels zu, dieses gewünschte Ziel nicht zu erreichen.

Jetzt in diesem Augenblick treffe ich die Wahl,
mein Leben glücklich zu gestalten,
und werde nur noch Energien anziehen
und in mir wirken lassen, die diesem Ziel dienen.
So sei es.

Trommeln

Ich liebe Rituale und besonders das Trommeln. Viele Wünsche hab ich mir schon herbeigetrommelt, und so möchte ich dir einige Möglichkeiten vorstellen. Reinige vorab wie immer den Raum und bereite dich in der Vorstellung auf das bevorstehende Ritual vor. Lege dir dazu auch eine Trommel zurecht, eine Rahmentrommel oder einfach eine, die dir gefällt. Frage dich: Was möchtest du genau erreichen? Am besten ist es, deinen Wunsch auf einen Zettel zu schreiben.

Richte dann deinen Kopf zurecht, das heißt, übe dich in Gedankenhygiene und lass nicht den Hauch einer Chance für einen negativen Gedanken oder ein ungutes Gefühl zu.

- Halte dir nun deinen Wunsch klar vor Augen. Spüre und nimm genau wahr, wie gut es sich anfühlt, wenn dieser Wunsch in Erfüllung geht.
- Jetzt trommle in deinem Rhythmus, in deiner Lautstärke. Sprich dabei deinen Wunsch laut aus. Immer wieder. Wiederhole den Wunsch, am besten wirklich laut hörbar. Spüre dabei vor allem die Energie, die freigesetzt wird. Durch das Trommeln wird dein Ku zum Mitspielen aufgefordert – und du weißt ja, dass Ku gern spielt und Freude empfindet. Trommeln regt die unteren Chakren an, es erdet und wirkt gestauter Energie entgegen.
- Trommle so lange, bis du den Energiezuwachs in dir deutlich spürst. Schrei deine Wünsche in den

Himmel hinaus, wenn du magst. Trommle so lange es sich richtig anfühlt. Nimm dabei deine Kraft wahr, konzentriere dich immer mehr auf dein Ziel, fokussiere es. Trommle weiter, immer mit dem klaren Ziel vor Augen, weiter und weiter, stärker und stärker und noch zentrierter zu sein. Mit jeder Faser deines Körpers spürst du die Energie, jeder Gedanke ist von deinem Ziel erfüllt, du bist mit deinem Wunsch eins.
- Beende das Trommeln irgendwann in deinem eigenen Tempo. Spüre nach. Und lass los.
- Verlasse den Raum und tu, was dir guttut. Ein kleiner Schluck Prosecco kann jetzt Wunder wirken!

Wichtig ist: Versuche nicht, das Erlebte zu bereden. Mit einer Freundin die Emotionen untersuchen, mit einem Therapeuten die Gefühle durchleuchten – nein! Lass das Ritual einfach wirken.

Du kannst natürlich anstelle des Trommelns auch tanzen. Frei und so lange es dir gefällt. Mit Musik, die dich bewegt, die dir Freude vermittelt oder Energie – Hauptsache, du spürst dich und bist in deiner Kraft und Stärke. Trommeln und Tanzen sind gute Möglichkeiten, sich besser zu erden – eine wichtige Voraussetzung für Makia. Wir können die Wünsche nicht realisieren, wenn wir zu wenig geerdet sind.

Auch guter Sex kann dir helfen, dich zu erden. Dabei kannst du insbesondere den Energielevel nach oben bringen und im Augenblick der größten Kraft deine Aufmerksamkeit auf das Gewünschte lenken.

Bildhafte Vorstellung

Du kannst die vorherige Übung des Trommelns als Vorbereitung nutzen, um Energien aufzunehmen, in dein Innerstes zu lenken und den vermehrten Energiestrom zu spüren.

- Wenn du viel Kraft in dir wahrnimmst, richte deine Aufmerksamkeit auf das gewünschte Ziel. Du fokussierst vor deinem Dritten Auge, was du erreichen willst.
- Bleib bei diesem Bild, lenke die Aufmerksamkeit immer wieder auf das Gewünschte, wenn deine Gedanken abschweifen wollen. Immer wieder richtest du sanft die Energie in dir auf dein Ziel.
- Stell dir vor, wie gut sich die neue Situation anfühlt. Wie geht es dir dabei? Welche Emotionen tauchen auf? Wie fühlt es sich an, glücklich, zufrieden, erfüllt, harmonisch, gesund zu sein?
- Tauche in dieses Gefühl ein. Tiefer und tiefer. Spüre die Veränderung in dir. Lass dein Glück einfach zu und bleib in dieser Energie.

Huna-Glückstagebuch

Notiere dir, welches Gefühl dir bei diesem sechsten Schritt am meisten Freude bereitet hat. Welche Energie hat in dir Glücksmomente ausgelöst? War es ein Bild, ein Wort, das Trommeln, ein Gedanke? Wo spürst du am besten deine fokussierte Aufmerksamkeit?

Makia: Ich entscheide und tu etwas.
Oder: Energie folgt der Aufmerksamkeit.

....

....

....

....

....

....

....

....

PONO

Der siebte Schritt: Ich lebe die Veränderung.

Der siebte Schritt macht einfach klar, wie weit wir unsere Veränderung annehmen und leben können. Wenn etwas funktioniert, ist es im Sinne von Huna. So einfach ist es. Das dazugehörige Energiegesetz lautet:

WIRKSAMKEIT IST DAS MASS DEINER WAHRHEIT.

Wir meinen damit, dass es nicht wichtig ist, wie du deine Wünsche realisieren kannst und welches Mittel du dazu anwendest. Wenn es klappt, ist es richtig. Vorausgesetzt natürlich immer, dass du niemanden dabei verletzt. Dieser Grundsatz von Huna soll immer wieder erwähnt werden. Es kann nicht im Sinne des großen Ganzen sein, spirituelle Weiterentwicklung auf Kosten anderer Menschen oder Geschöpfe zu erreichen. Dieses Gebot sollten wir auch im Alltag berücksichtigen und ausführen: Tu nichts, was dich, deine Mitmenschen oder andere Wesen verletzen könnte.

Du kennst sicher Lebensbereiche, in denen dir alles mühelos von der Hand geht. Tätigkeiten, die dein Herz berühren und dich freudig stimmen. Alles, was Spaß macht, machst du natürlicherweise gern – und selbstverständlich gut. Diesen Aspekt machen wir uns im Huna zunutze: Alles, was leicht geht, ist richtig. Alles, was Freude macht, steigert deine Energie.

Die Einfachheit im Huna überrascht immer wieder. Wir lenken also beim siebten Schritt in der Huna-Glücksformel einfach die Aufmerksamkeit auf all die Dinge, die wir gern, natürlich und freudig machen. Und wir erforschen, welche Mittel wir dazu benutzen.

In den vorherigen Schritten zu deinem ganz persönlichen Glück ist dir zunächst klar geworden, was du verändern willst. Du hast dich mit dem Leben versöhnt. Du hast deine Situation erkannt und bist bereit, etwas dafür zu tun. Klarheit ist in dir, du sammelst Energien und fokussierst deinen Lebenstraum mit all deiner Kraft und Energie.

Nun erforschst du die Mittel und Techniken, die dir besonders gut bei der Realisierung deiner Träume helfen können. Jeder Mensch reagiert unterschiedlich – es gibt keine einheitlichen Methoden, die für alle richtig sind. Auch hier ermuntert uns Huna, unsere ganz persönliche Freiheit und unser Potenzial zu erkennen.

Du selbst kennst die Bereiche in deinem Leben, die dir besondere Freude bereiten. In diesen Tätigkeiten oder Lebenssituationen wirst du auch erfolgreich sein. Wenn es Freude macht, ist es richtig. Wir erinnern uns: Unser Ku will Spaß haben. Ist dies gewährleistet, wird es voller Freude auch die Verwirklichung der Wünsche anstreben. Welche Mittel benutzt du, um glückliche Umstände zu realisieren?

Viele spirituell aufgeschlossene Menschen spüren Erfüllung und Freude, wenn sie anderen Menschen helfen können. Dann wird im siebten Schritt die Verwirklichung der Wünsche am leichtesten funktionieren, wenn diese Helfer ihrer Berufung nachgehen und die Transformation der eigenen Blockierungen durch das Helfen ausleben können. Andere sind vielleicht gute Kommunikatoren – sie setzen ihr Potenzial ein, um möglichst viele Menschen auf einer breiten Ebene des Gedankenaustausches zu erreichen. Sie können ihre Wünsche am besten realisieren, wenn sie viel reden, schreiben oder mit anderen Menschen Ideen diskutieren. Wieder andere sind gute Handwerker. Sie erreichen ihre Ziele, indem sie ganz irdisch-erdige Tätigkeiten ausüben und das Talent ihrer Kreativität in den Alltag umsetzen. Die Liste lässt sich endlos weiterführen. Alles, was du gut machst, wird dir helfen, deine Ziele zu verwirklichen.

Im Huna lenken wir hier ganz bewusst den Fokus auf all das, was bereits in unserem Leben funktioniert und uns Freude bereitet. Wir denken nicht an das, was wir nicht können oder nicht haben, sondern stärken unsere Kraft und unser Potenzial. Die vermehrte Energie – durch die Bewusstwerdung unserer Talente – wirkt sich dann automatisch auf andere Aspekte des Lebens aus, die vielleicht noch nicht so perfekt sind.

Im Alltag bedeutet Pono für dich also: Tu so, als sei alles, was du willst, bereits in dein Leben integriert. Huna meint: »Du musst erst sein, wonach du dich sehnst – dann wird dieser Zustand auch im Alltag automatisch integriert.« Wir tun also so, als wäre alles, auch und besonders das, was noch nicht so positiv funktioniert, bereits in perfekter Ordnung!

Praktisch kann das bedeuten, dass du beispielsweise bei einem finanziellen Problem nicht immer auf deinen leeren Kontostand schaust und damit dem Mangel an Geld Aufmerksamkeit schenkst. Nein, du lenkst deine Energie auf das, was du hast. Und sei es nur, dass du dir heute eine Kleinigkeit leisten kannst. Dann hast du die Möglichkeit, in diesem Moment zu sagen: »Das kann ich mir doch leisten.«

Wenn du handwerklich ungeschickt bist, aber doch kreativ tätig sein willst, dann beginne mit kleinen Schritten und lobe dich für all das, was du schon gut und schön gemacht hast. Solltest du in deinem Beruf unglücklich sein und dennoch keine Möglichkeit haben, eine andere Tätigkeit auszuführen, so liegt es immer noch an dir selbst, die Augenblicke, in denen du dann doch ganz gern arbeitest, zu realisieren. Tu einfach so, als würde dir alles Spaß machen – und du wirst die Wunder der Transformation erleben.

Die beste Methode, aus einer schwierigen Lebenssituation herauszukommen, ist die, so zu tun, als wäre sie anders. Es ist keine Selbsttäuschung, wenn wir das Positive im Leben unterstreichen. Es ist unsere bewusste Entscheidung, dem Fröhlichen und Glücklichen im Leben ganz gezielt unsere Energie zu schenken.

Rituale

Es gibt hier viele kleine Rituale, die du im Alltag ausführen kannst. Am besten hat sich die Methode bewährt, dich für Dinge zu loben, die du schon immer ausführen wolltest, auch wenn du bisher nicht den Mut dazu hattest. Tu so, als sei das gewünschte Ergebnis bereits in deinem Leben integriert. Lenke die Energie auf all das Schöne, Gute, Aufbauende, Positive, das du bisher schon in deinen Alltag realisieren konntest.

Wenn du dir mehr Geld wünscht, denke nicht an den Mangel, sondern freue dich über die Münzen, die bereits in deiner Geldbörse sind. Lobe dich dafür und freu dich an dem, was du dir leisten kannst. Du wirst sehen, wie sich dein Blickwinkel für die Fülle öffnet. Jeder noch so klitzekleinen positiven Veränderung schenkst du ab jetzt die volle Aufmerksamkeit – und führst damit die Veränderung herbei.

Die folgende Meditation über Gutes und Schönes kann ebenfalls ein hilfreiches Ritual für dich werden.

- Nimm dir einige Minuten Zeit, begib dich in eine bequeme Mediationshaltung und werde ruhig. Beobachte deinen gleichmäßigen Atem, die weichen Atemzüge, lass Stille in dir einkehren.
- Lenke dann deine Aufmerksamkeit auf jene Lebenssituation, die du verändern möchtest. Achte sorgfältig darauf, dass dein Atem weiterhin still und gleichmäßig fließt. Du bist wie ein Beobachter deines Atems und deines Lebens.
- Wende deine Aufmerksamkeit nun auf all das Schöne und Gute, das dir im Leben widerfahren ist, all das, was du bereits in deinem Leben integrieren konntest. Atme harmonisch und sei mit deinem Atem verbunden, während du mit Freude im Herzen und wachsender Begeisterung über dich all das Aufbauende und Kreative in deinem Leben betrachtest. All das hast du bereits geschafft! Herzlichen Glückwunsch! Lobe dich ausgiebig dafür: »Wie gut hab ich dieses und jenes gemacht, mit wie viel Liebe hab ich diese und jene Situation gemeistert, wie schnell hab ich diese und jene Aufgabe erfüllen können …« Du spürst Freude und tiefe Zufriedenheit.
- Nun lenkst du deine Aufmerksamkeit erneut auf die Lebenssituation, die du verändern möchtest. Du lässt dich jedoch nicht aus der Ruhe bringen und verlagerst in der Vorstellung die Freude aus den bereits verwirk-

lichten Zielen auf dein noch zu transformierendes Ereignis. Du tust so, als hättest du bereits all das, was du dir wünschst, in deinem Leben integriert. Spüre die Veränderung in dir, fühle die Freude, die sich jetzt in dir ausdehnt, erfahre dich und dein Leben als harmonisch und glücklich.

- Verankere diesen Zustand in dir und komm langsam wieder ins Hier und Jetzt zurück.

Huna-Glückstagebuch

Frage dich diesmal: Welche Schritte der Veränderung hast du schon gemacht? Welche Schritte möchtest du heute tun? Welche Veränderungen möchtest du dir für die nächsten Wochen, Monate und ein bis zwei Jahre vornehmen?

....

....

....

....

....

ALOHA

Der achte Schritt:
Ich segne und liebe noch mehr.

Du hast bisher entscheidende Schritte unternommen, um deinem Leben eine positive Wendung zu geben und noch glücklicher zu werden. Nun wirkt im achten Schritt die Quintessenz von Huna: Die Liebe in allen Facetten, in allen Formen, in jeder Situation, gleich welcher Art.

Liebe jede Liebe, sagt Huna.

Die Liebe zu dir, zu deinem Leben, zu deinen Mitmenschen, zu Partner oder Partnerin, zu deinen Kindern, der Familie, deinen Freunden, deinem Umkreis, deinem Job, deinen Talenten, deinen Tieren ... zu allem und jedem, der in dein Leben eingebunden ist.

Aloha bedeutet im Hawaiianischen mehr als das Wort »Liebe«. Es ist viel mehr als der Inbegriff eines Grußwortes oder gar einer Alltagsfloskel. Aloha verbindet im Huna die Weichheit des Herzens mit der Weisheit des Spirit. Es verbindet dich und dein Leben zu einer wunderbaren Einheit. Es ist der Inbegriff von Liebe zu allem und besonders zu dir selbst. So wird Aloha auch gern mit »Teile die Schwingung der Liebe mit mir« übersetzt. Geteilte Liebe potenziert sich, vermehrt sich, weitet sich aus und bindet die Menschen in dieses Geschenk mit ein.

Liebe will von Natur aus expandieren – und sie schenkt unendliche Freiheit. Zärtlich will sie sich verströmen und dich umhüllen, weich will sie in dir wirken und stark möchte die Liebe sich im Außen zeigen. Sie ist die größte Gabe, das wunderbarste Talent und die stärkste Kraft im Universum.

Liebe ist einfach. Sie will gelebt werden und sich ausdehnen. Sie will dein Leben positiv gestalten und alles Negative transformieren. Liebe will einfach, dass es dir gut geht. Im Huna sprechen wir von einem angeborenen Geburtsrecht auf Liebe. Liebe ist ein natürlicher Zustand, ein Geschenk, das jedem Lebewesen von Geburt an zusteht. Es will angenommen, in den Alltag integriert und jederzeit gelebt werden.

Liebe will dein Leben erleichtern und verschönern. Im achten Schritt der Huna-Glücksformel solltest du dir über die Selbstverständlichkeit der Liebe in deinem Leben bewusst sein. Huna ermuntert dich, deine Liebe zu dir und deinem nächsten Lebensabschnitt in deine Entwicklung einzubinden und wirken zu lassen. Dazu brauchst du kein Geld, keine besonderen Therapieverfahren, du benötigst kein Wissen, brauchst keine Seminare zu besuchen und du musst dich vor allem nicht anstrengen – du musst überhaupt nichts tun!

Du benötigst einzig und allein den Mut, deine Liebe zu dir selbst anzunehmen und zu leben. Mut zur Liebe. Mut zu deiner Liebe. Vertrauen darauf, dass diese Liebe bereits in dir wirkt und dich bis zum heutigen Tag getragen hat.

Und so blickst du liebevoll auf dein Leben, auch und vor allem, wenn es scheinbar nicht so perfekt ist. Dieser Lebensabschnitt gehört auch zu dir. Du akzeptierst das scheinbar Negative, das auch dein Leben bestimmt hat. Dann versuchst du über die Akzeptanz dieses noch kleine Band der Liebe aufzubauen, das sich dann wie eine natürlich wirkende und schützende Hülle auf den aktuell betrachteten Aspekt deines Lebens ausdehnt.

Und du wirst das Wunder der Heilung erleben. Deine Liebe, die sich dann zur bedingungslosen Selbstliebe ausdehnt, wird auch die nicht so schönen Lebensabschnitte heilen. Und plötzlich blickst du auf dein Leben – auch auf die vermeintlichen Fehler – und du beurteilst nichts mehr. Du leugnest nichts mehr, du versuchst auch nicht, etwas zu verdrängen oder schönzureden. Es ist einfach, was es ist. Alles sind Schritte auf dem Weg in deinem Leben.

Du beginnst, deine Aufmerksamkeit auf das Positive – die Liebe in dir – zu lenken und machst damit einen entscheidenden Schritt für dein Glück: Du beginnst, dein Leben zu segnen. Segnen bedeutet im Huna, mit deiner bewussten Entscheidung dem Positiven mehr Kraft zu geben.

Du segnest bereits, wenn du liebevoll an dich denkst. Du sprichst ein Wort des Segens aus, wenn du vermeintliche

Fehler aus der Vergangenheit als Wachstumschancen bezeichnest. Du lenkst mit deiner Kraft und Macht die Energie auf das Aufbauende, Positive, Heilende, Liebevolle, Glückliche in deinem Leben. Damit verstärkst du all die guten Wünsche für dich.

Es bedarf wie immer nur deiner Entscheidung dafür.

Wir sprechen im Huna auch vom Aloha-Spirit. Das bedeutet so viel wie die gelebte Liebe, die offene und weiche Art, jemanden willkommen zu heißen und mit ihm die Liebe zu teilen. Im Huna will vor allem die Liebe zu dir selbst über den Spirit von Aloha wieder ihren ganz natürlichen und selbstverständlichen Platz in deinem Leben einnehmen. Mit der machtvollen Methode des Segnens ist es ganz einfach, jedes Problem in dir zu lösen, jedes Ziel und jeden gewünschten Gedanken- oder Körperzustand zu erreichen.

Aloha-Spirit ist also noch wesentlich mehr, als die Liebe zu leben und zu teilen – so wunderbar das schon ist! Es ist ein praktikables, wirkungsvolles Instrument und bringt die größte Heilwirkung für dich und dein Leben. Es beinhaltet die intensivste Kraft, die in dir und deinem Umfeld wirkt. Es ist gelebte Liebe. Aloha-Spirit verändert dein Leben und wirkt segenbringend.

Wenn wir diese Energie in uns ausbauen und zunehmend den Spirit von Aloha leben, werden wir eins mit der göttlichen Kraft in uns. Wir verbinden uns intensiv mit Kane, dem höheren Selbst. Damit leben wir in ständigem Kontakt mit Spirit und leben unsere eigentliche Bestimmung. Wir bringen unser Licht auf die Erde.

Diese liebevolle und weise Art, unser Potenzial zu erkennen und zu integrieren, ist das eigentliche Geheimnis eines glücklichen Lebens. Es beinhaltet Gesundheit, Wohlstand, Erfolg und Zufriedenheit. Du kannst heute – in diesem Augenblick – damit beginnen. Liebe dich einfach so, wie du bist. Mit allem, was zu dir gehört. Bleib in deiner Liebe zu dir und lass nichts anderes als Liebe zu.

Im achten Schritt der Glücksformel brauchst du einfach nur dich, dein künftiges Leben und deine Liebe zu leben und zu segnen. Du bekräftigst damit deine Entscheidung zu dir und deinem Entschluss, das Glück in deinem Leben zu integrieren.

Unterstützen können dich dabei einige Übungen oder Rituale. Die folgenden werden von der Farbe Rosa, einem Rosenquarz, dem ätherischen Öl der Rose und allen Energien, die wärmend und nährend wirken, verstärkt.

Aloha-Meditation

Wie immer reinigst du deinen Raum und begibst dich in eine meditative Haltung.

- Beobachte zunächst deinen Atem. Einatmen, Kraft tanken, ausatmen, loslassen. Dein Atem trägt dich, der Ein- und der Ausatem beginnen gleichmäßig und ruhig zu werden.
- Du lenkst nun die Aufmerksamkeit auf dein Herzchakra. Fühle dich in dein Herz ein und spüre, wie es sich anfühlt. Versuche nichts zu erzwingen und nichts zu bewerten. Beobachte einfach, welche Emotionen auftauchen und was diese Gefühle bei dir bewirken.
- Immer, wenn du dich nicht wohlfühlst oder ein Schmerz auftauchen will, verdränge nichts, aber bewerte auch nichts. Lass alles kommen und gehen.
- Im Laufe der Meditation wirst du erkennen, dass Schmerz und Freude sich gleich anfühlen können und du nichts anderes tun musst, als dein Herz zu erkunden.

- Nun denke an eine besonders liebevolle Situation oder einen Menschen, den du liebst. Spüre die Wärme in dir, die zärtliche Weichheit deines Herzens, die liebevolle Akzeptanz – du lebst in diesem Augenblick den Spirit von Aloha.
- Dann erinnere dich – gleichsam wie von Ferne – an all die Situationen oder Lebensstationen, die sich noch nicht so perfekt anfühlen. Bleib dabei in der liebevollen Gelassenheit von Aloha. Dehne diese weise und trans-

formierende Energie aus und übergib dich ganz der liebevollen Akzeptanz in dir. Du beginnst, dich zu lieben. Sanft und doch bestimmt, weich und stärkend, warm und kräftigend. Du lebst dein angeborenes Geburtsrecht. Du lässt nichts anderes als Liebe zu. Du liebst jede Liebe und spürst deinen Segen zu dir.

Herzmeditationen

Jede Art von Meditation, die dein Herz erreicht, jede Art von Meditation über dein Herzchakra, all das eignet sich für den achten Schritt. Lenke immer wieder die Aufmerksamkeit auf die Liebe in dir. Spüre und feiere, wieweit du den Aspekt der Liebe in dir bereits integriert hast. Lenke deine Aufmerksamkeit auf all das Wunderbare in dir, auf all die Talente, die du bereits im Alltag verwirklichen kannst.

Übungen für den Alltag

Jeden Tag können wir Rituale in unser tägliches Leben integrieren. Wenn du mit dir und deiner Liebe verbunden bist, wirst du immer mehr Menschen anziehen. Sie fühlen sich in deiner Nähe wohl und lassen die Probleme des Alltags hinter sich. Du beginnst, eine Aura der Wärme und Liebe zu verströmen, und diese Energie lädt andere Menschen ein, es dir gleichzutun. Dieses »Ritual« übst du am besten, wenn du dich besonders wohlfühlst oder eine freudige Nachricht bekommen hast: Dann spürst du das Gefühl des Glücks in dir, dehnst es aus, weitest diesen Augenblick aus, versuchst, in dieser wunderbaren Energie zu bleiben.

Nun kannst du diese Liebe auch anderen Menschen schenken – bleib in deinem weichen Gefühl, wenn du der Kassiererin ein Lächeln schenkst. Spüre den Geist von Aloha, während du einem Kind beim Spielen zusiehst. Segne in Gedanken einen kranken Menschen, der deine Liebe besonders braucht, und teile einfach überall die Liebe.

Die schönste Art und Weise, Aloha zu leben, spiegelt sich in deiner eigenen Freude wider.

Freunde treffen und sich über Aloha-Spirit austauschen

Ganz simpel, aber effektiv: Triff dich mit deinem Freund oder einer Freundin. Ihr akzeptiert euch und wisst vieles voneinander? Dann kannst du entweder ganz offen von Aloha-Spirit sprechen: »Meine liebe Freundin, ich will die Liebe von Aloha spüren und frage dich deshalb: ›Was magst du besonders an mit? Welche Eigenschaften habe ich, die du schätzt? Weshalb fühlst du dich so vertraut mit mir?‹«

Versuche dann anzunehmen, was dir deine Freundin erzählt. Akzeptiere die Liebe deiner Freundin und lasse die Liebe in dein Herz strömen. Weite diese wunderbare Energie aus und bleib mit dir verbunden.

Huna-Glückstagebuch

Frage dich beim achten Schritt: In welchen Bereichen kannst du deine Liebe zu dir erkennen und annehmen? Wo fühlst du dich besonders glücklich und zufrieden? Schreib auf, bei welchen Themen du dich besonders wohlfühlst und dich bereits bedingungslos annehmen kannst.

Und dann verfolge dies: Wo kannst du heute drei Zeichen der Liebe setzen? Welche Person oder welche Situation möchtest und kannst du heute segnen? Wie kannst du dich selbst lieben und segnen?

....

....

....

....

....

....

....

HANG LOOS

Der neunte Schritt:
Ich lasse los und bin gelas

Typisch für den Spirit von Aloha und den Geist von Huna ist die heitere, innere Gelassenheit. Beim letzten und zugleich sehr einfachen Schritt der Huna-Glücksformel brauchst du deshalb nur zu vertrauen und loszulassen. Loslassen allerdings will geübt werden – eigentlich komisch, nicht wahr? Es müsste doch total einfach sein, loszulassen. Ist es aber in der Praxis (leider) nicht. Es braucht ein mehr oder weniger großes Vertrauen – Vertrauen ins Leben, zu sich selbst, zu »Gott« –, um loslassen zu können und zu dürfen. Die meisten von uns müssen das regelrecht üben!

Die Erfüllung deiner Wünsche hängt jedoch maßgeblich von deinem Vermögen ab, dir und dem Universum zu vertrauen. Das ist, zugegeben, nicht immer einfach. Denn gerade dann, wenn du dein Leben glücklicher und zufriedener gestalten möchtest, ist es schwierig, den Kopf auszuschalten und sich dem Prozess des Gestaltens hinzugeben. Wir sind es gewohnt, die Dinge zu kontrollieren. Unser Perfektionismus zwingt uns oft, auf laufende Ereignisse einzuwirken, indem wir denken, kontrollieren, uns sorgen, uns vergewissern oder ständig nachtesten.

Nun wird genau das Gegenteil gesagt: Du hast konkrete Schritte zum Glücklich-sein oder Glücklich-werden unternommen und nun hängt das Ergebnis davon ab, inwieweit du dich dem ganzen Geschehen anvertrauen kannst? Ja, so ist es.

Im Huna wird dazu die Energie von Hang loose verwendet. Das bedeutet so viel wie »locker bleiben«, »cool bleiben«, »alles ist okay«, »cool down«.

Hang loose, auch mit dem Wort Shaka bezeichnet, ist zudem eine typische Handbewegung. Bei geschlossener Faust werden der kleine Finger und der Daumen gehoben und abgespreizt, die drei mittleren Finger weiter in die Handinnenfläche gezogen. Manchmal werden die Hände dabei auch hin- und herbewegt. Hang loose ist eine Begrüßung auf Hawaii und wurde dort auch von den Surfern für verschiedene Anlässe übernommen. Barack Obama, der auf Hawaii aufwuchs, gebrauchte diese Geste, um die Abgeordneten aus Hawaii zu begrüßen.

Einer Geschichte nach geht das Handzeichen auf den Hawaiianer Kalili Hamana zurück, dem an einer Hand drei Finger fehlten. Einer anderen Überlieferung zufolge durften früher nur wenige hochgestellte Adlige surfen – und zwar nackt! Und da ist es halt auch beim hawaiianischen Mann im Adamskostüm, dass so manches beim Wellenritt »lose hängt«.

Hang loose. Locker bleiben. Loslassen. Vertrauen. Alles ist in bester Ordnung. Diese Energie wird also mit der Handbewegung symbolisiert

und in die Realität gebracht. In der Huna-Glücksformel bedeutet das für dich, dem Geschehen der Wunscherfüllung nun grundsätzlich zu vertrauen. Du hast die Hinwendung zur heiteren Gelassenheit nach bestem Wissen vorbereitet, du bist deine Schritte gegangen und hast den Weg für deine Ziele geebnet. Du hast Kraft und Energie gesammelt und deinen Pfeil zielgerichtet abgeschossen. Du bist in deiner Liebe zu dir geblieben. Und nun gilt es, alles loszulassen und dem Kosmos die Möglichkeit zu geben, die Wünsche in Erfüllung zu bringen.

Hang loose ist indes mehr als nur Loslassen: Es beinhaltet die ständige innere heitere Gelassenheit. Das ist die Grundhaltung der Kahunas, die in jedem Augenblick ihres Lebens sich selbst und dem Kosmos uneingeschränkt vertrauen. Alles ist gut. In jeder Sekunde deines Lebens. Alles befindet sich in göttlicher, perfekter Ordnung. Auch das verbinden wir mit Hang loose.

Tja, und was passiert, wenn dein Wunsch nicht in Erfüllung geht? »Dann hast du dir nicht das Richtige gewünscht oder dir zu wenig vertraut«, antworten dazu die Meister der Huna-Energie.

Huna ist so einfach und so wirkungsvoll. Immer wieder dürfen wir das erfahren. Unspektakulär natürlich laufen alle Geschehnisse ab, und das Einzige, was wirklich zu tun ist, ist in deiner Liebe zu bleiben. In der Liebe zu dir, auch und gerade dann, wenn du Hang loose übst. Erlaube dir, die Erfahrung zu machen, dass du das Zepter deines Lebens selbst in der Hand hältst.

Trau dir zu, dass du der Schöpfer deines Universums bist. Bleib in deiner Mitte und in deiner Liebe zu dir, wenn du dich in die heitere Gelassenheit von Hang loose begibst. Und bleib in deiner Liebe zu dir, wenn es noch nicht so gut klappt. Es gibt für dich jetzt nichts zu tun, als alles geschehen zu lassen.

Die Herausforderung bei Hang loose liegt wie immer in der Einfachheit. Wir üben uns im Alltag in der Regel ständig in komplizierten Angelegenheiten. Unser Leben ist reglementiert und wird immer mehr überwacht. Wir lernen von Kindheit an, dass wir uns sehr anstrengen müssen, um irgendetwas zu erreichen, dass wir immer besser und schneller sein sollen, dass wir immer noch mehr Druck und Kontrolle aushalten müssen. Und nun fordert Huna uns auf, all das loszulassen. Sich dem Geschehen völlig hinzugeben und darauf zu vertrauen, dass alles gut wird und gut ist.

Voraussetzung ist deine innere Klarheit: Huna meint mit Hang loose nicht, alles dem Zufall zu überlassen oder dein Leben aus der Hand zu geben. Es kann nicht angehen, als erwachsener und spirituell reifer Mensch, das Leben und die Verantwortung an irgendeine »höhere Instanz« zu übergeben, alles einfach abzugeben und auf ein Wunder zu warten.

Energien wollen erkannt und gelenkt werden. Du bist allein der Schöpfer deines Lebens.

Mit Huna weißt du jedoch einfach, dass sich dein Leben nach und nach so gestaltet, wie es für dich am besten ist. Mit Huna erfährst du, wie du die Energien lenken kannst, um ein glückliches und erfülltes Leben genießen zu können. Huna lehrt dich, in deine Klarheit zu kommen, und ermöglicht dir, deine Wünsche in die Realität zu bringen.

Hang loose. Bleib locker und lass los. Beginne, deine heitere innere Gelassenheit zu leben.

Du kannst die Energie von Hang loose mit allen Ritualen unterstützen, die mit dem klaren Beenden einer Situation oder mit der bewussten Entscheidung, diese loszulassen, zu tun haben. Dabei schickst du deine Wünsche sozusagen auf Reisen, oder du verbrennst sie oder übergibst sie Mutter Erde.

Wünsche dem Wasser übergeben

Beim sechsten Schritt der Glücksformel hast du deinen Wunsch klar definiert und auf einen Zettel geschrieben. Den brauchst du jetzt wieder. Falls du ihn nicht mehr hast, schreib einfach auf, was du dir gewünscht hast. Und dann geht's los.

- Fühle dich noch einmal ein, so als wäre die Situation, nach der du dich sehnst, bereits eingetreten. In dieser Stimmung – Ku liebt solche Momente – nimmst du nun den Zettel und gehst in die freie Natur. Am besten eignet sich für dieses Ritual ein Platz an einem See, einem Bach oder einem Fluss.
- Falte deinen Zettel zu einem kleinen Schiffchen und lass es zu Wasser. Übergib so in deiner Vorstellungskraft deine Wünsche dem Wasser und den Naturgewalten. Sieh deinem Zettel nach oder folge noch einigen Minuten dem Flusslauf.
- Dann dreh dich nach links um, gegen den Uhrzeigersinn, und freu dich über dein gelungenes Ritual.

Wünsche dem Feuer übergeben

Wieder nimmst du deinen Zettel (oder schreibst ihn neu). Diesmal übergibst du den Wunsch dem Feuer. Am besten gelingt das in der freien Natur an einem geschützten und gesicherten Feuerplatz.

- Beobachte zunächst dein Feuer und bitte Ku, alle Emotionen, die mit deinem Wunsch zu tun haben, ebenfalls dem Feuer zu übergeben. Dann wirfst du deinen Zettel bewusst in die Flammen.

- Dazu kannst du einige Worte der Transformation sprechen, beispielsweise: »Ich übergebe nun meine Wünsche dem Feuer und weiß, dass sie sich erfüllen werden.«
- Auch hier verweilst du wieder einige Minuten mit der Gewissheit, dass nun alles gut wird.

Wünsche der Erde übergeben

In dieser Variante übergibst du deinen Zettel der Erde. Du übergibst deine Wünsche Mutter Erde und weißt dabei, dass alles bereits in bester Ordnung ist. Geh also in die Natur, auf eine Wiese, an einen Waldrand oder wohin es dir zusagt. Wieder stimmst du dich ein und vergräbst dann deinen Wunschzettel in der Erde.

Und dann: Hang loose. Freu dich über dein gelungenes Ritual!

Huna-Glückstagebuch

Noch einmal kannst du dir einige Fragen beantworten: Welches Problem oder welche Herausforderung hast du heute mit lockerer Gelassenheit und innerer Klarheit einfach loslassen können – mit der Gewissheit, dass alles gut wird?

Schreib außerdem neun Dinge oder Ansichten, Muster oder Gewohnheiten auf, die du loslassen möchtest: In den nächsten neun Tagen oder neun Wochen wirst du dies dann tun. Hang loose.

Und welche eine Angelegenheit kannst du schon heute loslassen?

....

....

....

....

....

....

6

Das Geheimnis von Huna: Hawaii ist, wo dein Herz ist

Lieder des Herzens, Klänge der Seele

Huna birgt ein großes Geheimnis in sich. In diesem Kapitel versuchen wir, dich weiter in dieses Mysterium hineinzubegleiten. Es ist nicht einfach, die wunderbare Energie, die wir über Huna erfahren, in Worte zu kleiden. Gerade deshalb sind uns erfahrene und zugleich gelassene Lehrerinnen und Lehrer, Meisterinnen und Meister der Hunalehre, die Kahunas, so lieb. Sie erleichtern uns das Eindringen in diese einzigartige und ganz von Liebe und Klarheit getragene Energie. Wir möchten dich nun ermuntern, die Schwingung von Huna mit offenem Herzen anzunehmen und auch in dir zu vermehren. Lass die nachfolgenden Sätze einfach in dir wirken und versuche die Botschaft, die zwischen den Zeilen übermittelt wird, aufzunehmen. Auch wenn du vielleicht nicht alles vom Kopf her begreifen kannst – deine Seele kennt diese Sprache.

Wir sprechen im Huna nicht nur von Selbstliebe und vermehren diese, wir nehmen unser ganzes Sein bedingungslos an und gelangen immer tiefer und weiter zu unserer ureigenen Essenz. Im Huna gibt es den Begriff der Seelenliebe. Das ist eine Liebe, die noch jenseits von allem bisher Erlebten wahrgenommen und gelebt werden will. Die einzigartige, wunderbare Weisheit von Huna fordert dich liebevoll und beständig auf, deine einzigartige, großartige Seele zu erforschen und zu erkennen, deinen ganz individuellen Seelenplan zu verfolgen und nach ihm zu leben. Die Liebe zu deiner Seele will genährt werden, der Plan deiner Seele ist es, dass du dich in deiner Weisheit und Einzigartigkeit genießt.

Wir können Huna deshalb überall und zu jeder Zeit anwenden. Denn Huna ist, wo dein Herz ist. Wo du eins mit dir bist, verbunden mit dir, dort, wo du dich jetzt gerade befindest. Das Wunder von Huna beginnt in dem Augenblick, in dem du dich auf diese wunderbare Energie einlässt. Du spürst sie jetzt, in diesem Moment, in dem du diese Zeilen liest und eine sanfte, weiche Energie dein Herz berührt. Du spürst die Sehnsucht in dir aufkeimen, noch tiefer in dein Sein vorzudringen und dich noch näher und besser kennenzulernen. Dies sind die Augenblicke, die oft als Erleuchtung bezeichnet werden.

Wir sprechen im Huna auch davon, dass wir uns in uns selbst verlieben. Und das nicht als eine Form von Ich-Verherrlichung, sondern mit viel Achtung und Ehre

vor unserer großartigen Seele. Wenn wir uns immer mehr mit unserem Herzen verbinden, hineinhören, hinspüren, annehmen, werden wir das Wunder, das uns Huna verspricht, wahrnehmen können. Wir werden uns selbst, unser Selbst, als das größte Geschenk erleben.

Und plötzlich bist du angekommen, da, wo du schon immer hin wolltest – und du spürst diese grenzenlose Freiheit. Du fühlst deine einmaligen Talente und Fähigkeiten, weißt, dass alles in dir ist – und dass du jetzt, in diesem Augenblick, vollkommen mit dir bist. Das sind die Momente, in denen deine Seele genährt wird, heilige Räume öffnen sich in dir.

Eine herrliche Stille breitet sich aus und du erlebst die Unendlichkeit. So, als hörtest du heilsame Klänge tief von deinem Inneren herauftönen. Dein Herz fühlt sich weich und weit an, Wärme durchflutet dich. Leicht und sanft keimt Freude in dir auf, stärker werdend, mehr Raum einnehmend, sich ausdehnend. Bleib nun beharrlich in diesem Moment, versuche, diese Energie anzunehmen und noch tiefer in sie einzutauchen. Halte sie, diese Energie, stärke den feinstofflichen Herzmuskel, versuche, noch mehr, noch tiefer, noch kräftiger die Freude in dir wahrzunehmen. Denn immer dann, wenn du dieses »singende Herz« erlebst, weißt du, dass du mit deiner Seele eins bist. Du lebst jetzt deinen Lebensplan. Du bist direkt bei dir, mitten in dir.

Hawaii ist, wo du bist. Hawaii ist in dir.
Hawaii ist, wo dein Herz ist.
Huna öffnet dir den Weg.
ALOHA!

Kane: Sinnvolle Entscheidungen zum Wohle aller treffen und leben

Verbunden mit Kane, deinem hohen Selbst, wird es dir leichtfallen, deinem Seelenplan zu folgen. Die Gewissheit, dass du mit deiner einzigartigen und individuellen Seelenkraft verbunden bist, erfährst du über dein Herz. Das »singende Herz«, die tiefe Freude, die aufkeimt, das gute Gefühl, das sich einstellt – immer dann, wenn du diese positiven Emotionen ganz stark erlebst, kannst du sicher sein: Du bist auf dem richtigen Weg.

Im Huna verbindest du dich täglich und immer wieder mit Kane. Es gibt dazu viele Möglichkeiten. Du kannst entweder in deinen Meditationen um die bewusste Führung von Kane bitten und die Verbindung so verstärken. Manchmal ist eine andere Methode einfacher. Ich nenne das die »Turbo-Verbindung«, denn wenn du diese Verbindung einmal hergestellt hast, genügt im Alltag ein kurzer Moment der Erinnerung. Die Technik ist einfach:

- Nimm dir einige Minuten Zeit, konzentriere dich auf deine gleichmäßige Atmung, die dich zentriert und beruhigt.
- Nun atme stärker ein, mach dir bewusst, dass du jetzt mehr Energien tankst. Bitte Ku, diese Energie Kane zur Verfügung zu stellen – quasi als Geschenk für die Göttlichkeit in dir.
- Lass nun aus deinem Inneren ein Bild entstehen. Stell dir vor, du könntest dich in bester Weise als weisen Mann, als weise Frau erleben. Nimm dir Zeit und Raum, um in Ruhe deine Visionen zu erfahren. Nimm jede Einzelheit deiner Wahrnehmung bewusst und achtsam an. Wie schaust du aus, wie sind deine Haare, dein Gesicht, deine Kleidung, wie und was fühlt die weise Frau, der weise Mann?
- Lass die Gewissheit, vollkommen in Übereinstimmung mit dir und deiner Seele zu sein, entstehen. Gestalte die Vision stärker und farbenfroher, vielleicht hörst du leise Klänge deiner Seele oder Lieder des Herzens. Tanke die Kraft und Energie, die sich jetzt einstellt.
- Bleib in dieser Vision so lange es geht, und »verankere« dann deine Wahrnehmung. Vielleicht willst du ein Zeichen, ein Symbol, eine Farbe, einen Duft oder irgendetwas anderes festlegen, das dich an deine Vision

> erinnert, als deine bewusste Rückerinnerung und Verbindung zu Kane.

Über diesen Anker, den du gesetzt hast, gelingt es mühelos, auch im Alltag schnell Kontakt zu Kane aufzunehmen. Das ist wichtig, wenn der Alltag uns aus unserer Mitte zu reißen droht – wenn wir mitten in Verhandlungen sind und unseren Standpunkt nicht mehr wissen, oder wenn wir einfach wieder eine liebevolle Verbundenheit zu uns selbst spüren wollen. »Bleib in deiner Liebe« – diese Forderung von Huna, auch im Alltagsgeschehen uns selbst treu zu bleiben, wird durch die gezielte Anbindung zu unserem höheren Selbst natürlich und leicht genährt.

Jeder Mensch ist über Kane mehr oder leider meist eher weniger mit seinem individuellen Seelenplan verbunden. Unsere Seele will sich in ihrer ganzen Pracht und Schönheit erfahren: Das ist der Seelenplan! Es ist für uns im Alltag nicht leicht, die Weisheit der eigenen Seele zu erkennen, geschweige denn, die großen Zusammenhänge zu begreifen, die vermeintlichen Zufälle, die unser Schicksal bestimmen, die Menschen, die unser Herz bewegen oder uns auffordern, noch mehr Liebe erfahrbar zu machen.

Hinter allen Begebenheiten gibt es einen komplex verwobe-

nen Sinn – nichts ist zufällig. Der Kosmos irrt sich nicht. Denn alle unsere hohen Selbste sind ständig miteinander verbunden und bilden auf liebevolle Weise und in enger Verbundenheit das Hohe Poe Aumakua, die »große Gesellschaft der Aumakuas«. Diese Verbindung der hohen Selbste ist ständig bestrebt, die größtmögliche Entwicklung der ihnen anvertrauten Seelen zu erreichen. Hier finden auch die sogenannten Seelenabsprachen statt. Das bedeutet, dass auf dieser Ebene und durch die ständige Verbindung im Poe Aumakua Pläne für die bestmögliche Entwicklung jedes einzelnen Individuums kreiert werden. Denn was wir Menschen oft als »gut« oder »schlecht« für unser Leben bezeichnen, ist dies nicht unbedingt auch in unserem Seelenplan.

Alles geschieht in liebevoller Weisheit. Wir werden Seelen, die mit uns ein Stück des Lebens gehen und mit denen wir eine karmische Verbindung haben, ganz sicher erkennen. Wir können uns nicht verfehlen, denn wir fühlen uns zu diesen Menschen hingezogen – oder erfahren eine gewisse Ablehnung, was auch nichts anderes bedeutet als die Aufforderung, noch mehr in die Liebe einzutauchen. Denn »immer, wenn du dich nicht gut fühlst, hast du noch nicht tief genug geliebt«, meint Huna.

Wenn du dich immer wieder mit deinem hohen Selbst verbindest, wird es dir leichtfallen, im Alltag Entscheidungen zu treffen, die zum Wohle des großen Ganzen sind. Wir brauchen uns nur immer wieder zu verbinden und uns folgende Fragen stellen: »Fühlt es sich gut an, was ich gerade tun will? Verletze ich jemand anderen oder mich selbst dabei? Oder spüre ich eine positive Grundenergie, vielleicht sogar das singende Herz?« Wenn ja, dann weißt du, dass alles gut ist – und die Entscheidungen im Einklang mit Kane zum Wohle der großen Gemeinschaft getroffen werden. Dann ruht der Regen des Segens auf deinem Tun. Mahalo!

Wahine: Früchte spiritueller Weisheit entwickeln, ernten und teilen

Je mehr wir uns mit Huna beschäftigen, je tiefer wir die Weisheit erkennen, je mehr wir die Heilenergie der Liebe in uns wirken lassen, desto mehr werden wir unser Leben als glücklich und ausgeglichen erfahren. Wir erleben es im Alltag immer wieder, dass Menschen Angst davor haben, sich mit sich selbst auseinanderzusetzen. Sie vermeiden aus einem dumpfen Gefühl des Unwohlseins heraus jede Art von Selbstreflexion und verkennen vollkommen, dass es nichts Schöneres gibt, als sich selbst mehr und tiefer zu lieben.

Im Huna spüren wir die Wärme und das weise Verständnis einer tiefgründigen Seele, die lernt, sich dem großen Ganzen einzuordnen, und dabei doch völlig individuell entscheidet. Bei der neuen Energie, die sich auch über Huna ausdrücken will, geht es nicht mehr darum, jedes Thema bis zum Sankt-Nimmerleins-Tag durchzudiskutieren oder bis in alle Zeiten Selbstzweifel oder Blockierungen zu therapieren. Die lichtvolle, leichte Energie, die jetzt genährt werden will, setzt ein tiefes Verständnis und eine bedingungslose Liebe zu uns und unserer Umwelt voraus. Sie will sich ausdehnen, indem sie alte Themen nicht abtut, aber auch nicht überbewertet, sondern einfach als das sieht, was sie sind: alt und verbraucht, überholt und nicht mehr nützlich.

Wir erlauben uns im Huna, Zweifel und Fehler, die wir vielleicht immer noch in uns tragen, zum Vorschein zu bringen, um sie dann liebevoll zu betrachten. So, als würden wir uns neutral gegenüberstehen und wie selbstverständlich reflektieren: »Aha, ein anderer Aspekt von mir. Wie interessant. Nun, da könnte ich noch etwas mehr Licht, Verständnis, Wärme, Weisheit, Liebe, Glück einfließen lassen. Ich entscheide mich jetzt dazu und lasse diese wohlige Energie einfach wirken.«

Zweifler, Pessimisten, Menschen, die nun mit »Ja, aber … Wenn es so leicht wäre …« protestieren – sie sind jetzt gefordert. Denn schließlich haben sie vielleicht viele Jahre, Jahrzehnte oder auch viele Inkarnationen an einem Muster gearbeitet, es bis zur Perfektion entwickelt und Blockierungen fehlgeleiteter

Energie verfestigt. Und doch – es ist möglich. Eine einzige klare, von ganzem Herzen liebevoll getroffene und kräftige Entscheidung reicht aus.

Nur du kannst die Ernte deiner Erfahrungen durchlichten und alles Gewesene als positive Meilensteine auf deinem Lebensweg sehen. Du kannst sie wie reife Früchte sammeln, um deinen Lebensbaum zu schmücken. Sei bereit für noch mehr Fülle und Wohlstand in deinem Leben!

Und dann beginnst du, wie von selbst, auch andere Menschen in dein Glück mit einzubinden. Deiner Seele ist es ein Bedürfnis, die Ernte zu teilen und zu mehren. Denn nur so gelingt es, die Liebe zu potenzieren, das Glück zu vervielfältigen. Nur durch den Austausch mit den anderen Seelen. Und hier liegt wieder die segensreiche Heilwirkung von Huna, dem großen Geheimnis. Je mehr du dich annimmst, desto besser geht es dir. Je tiefer du in deine Liebe vordringst, desto intensiver ist deine Erfahrung.

Wenn du dir erlaubst, dich bedingungslos zu lieben, wirst du auch entsprechende Situationen in dein Leben bringen. Du beginnst, dich selbst in dich zu verlieben. Denn niemand sonst hat so viel Liebe und Verständnis für dich wie du selbst. Und niemand außer dir kennt dich so gut wie du dich selbst. Es lohnt sich also, die Reise ins Innere anzutreten und staunend auf deine Wunder zu warten.

Aloha

– teile die Schwingung der Liebe mit mir!

Übrigens: Der Begriff Kane bedeutet hohes Selbst, ist aber auch der Name eines Hauptgottes. Und es ist das Wort für »Mann«. Wahine ist die Bezeichnung für »Frau«. Beide Worte findet man bei öffentlichen Toilettenanlagen. Quasi als Erinnerung daran, sinnvolle Entscheidungen zu treffen und die Früchte des Lebens zu teilen …

7

Wie kann man Huna bei uns leben?

Die Weisheit von Huna ist einfach, transparent und praxiserprobt. Gerade im Alltag erweist sich Huna als eine gut funktionierende, praktikable und völlig unspektakuläre Heilmethode, die von jedem Menschen ausgeführt werden kann. Wir sprechen bewusst von Heilmethode, weil Huna nicht nur Befindlichkeitsstörungen verbessern kann, sondern weil es sogar dein ganzes Leben und das deiner Mitmenschen über die schöne Ethik und Weisheit positiv und aufbauend verändert wird.

Huna wirkt, wenn du es anwendest.

Die Meister der Huna-Energie meinen dazu: »Glaub mir erst mal gar nichts, verwirf es auch nicht, probiere es einfach aus.« Sie ermuntern uns immer wieder, tiefer in die Materie einzusteigen und auch in der Theorie mehr über die Methoden zu erfahren. Es ist für unseren Verstand eben sehr wichtig, die Hintergründe einer Energielenkung erklären zu können. Und dazu bietet uns Huna eine Menge Modelle, die wirkungsvoll funktionieren.

Huna ist alltagstauglich und kann überall und sofort angewendet werden. Wir erlauben unserem Energiefeld, sich auszudehnen, und können so mehr in unser Potenzial gelangen. Wir erfahren uns als Abenteurer auf unserem höchst eigenen Lebensweg, wir erlauben uns, freudig und mit wachsender Begeisterung über uns noch mehr in unser Herz zu gelangen. Wir werden Schamanen der westlichen Welt, die sich ihrer Kraft und Macht durchaus bewusst sind und diese klar, zielorientiert und zum Wohle aller einsetzen.

Die wichtigste Voraussetzung hast du bereits in dir – es ist die Hingabefähigkeit an die Liebe. Die Liebe – sie wird im Huna immer wieder betont – erlaubt dir, noch tiefer in das große Geheimnis einzutauchen. Hör auf dein Herz, spüre dich in dein Innerstes ein, erlebe dich als Schamane der Liebe. Denn wie wir wissen, ist die Liebe das höchste Gut und die stärkste Kraft im Universum. Du kannst deine Liebe in dir täglich mehren und intensiver erleben – es bedarf nur deiner Hinwendung und Hingabe an dieses große Geschenk.

Vielleicht hast du dies noch nie getan, oder es kommt dir so vor, als könntest du dein Herz nicht erkennen oder spüren. Dann nimm dir jetzt, in diesem Augenblick, einen Moment Zeit, halte inne und beginne, dich mit der Atmung zu zentrieren. Erlaube dir, mit der Ausatmung tiefer in dein Herzzentrum zu atmen, bitte dein Ku, dir Bilder von deinem energetischen Herzen zu schicken und lass all die Eindrücke und Wahrnehmungen einfach zu. Das Wort »Wahrnehmung« beinhaltet logischerweise auch deine innerste Wahrheit. Es gibt keine falschen Wahrheiten oder falschen inneren Bilder in deiner Welt. Das, was du spürst, siehst oder wahrnimmst spiegelt dich deckungsgleich wider.

Mit Huna zum Herzschamanen werden

Du entwickelst dich im Sinne von Huna zu einem Herzschamanen. Nimm dir etwas Zeit und mach dir zunächst Notizen darüber, in welchen Bereichen du begonnen hast, mehr auf dein Innerstes und auf dein Herz zu hören. Damit schärfst du auch deine Intuition. So erforscht du vor allem dein energetisches und emotionales Herz. Das ist unserem physischen Herzen sehr ähnlich, liegt aber etwas mehr rechts und damit zentraler als das physische Herz. Beide Bereiche, energetisch und emotional, wirken zusammen, aber auch getrennt voneinander: Das energetische Herz zeigt dir den Energiefluss, das emotionale Herz offenbart dir deine Verletzungen und deine Liebe. Meist fließen beide Aspekte des Herzens ineinander über und vereinigen sich.

Erlaube dir also, dein Innerstes zu erforschen. »Was fühlt sich heute gut an, was war heute nicht so erfreulich? Wo habe ich mich liebevoll und sicher erlebt, welche Situationen haben mich meine Unzulänglichkeit erfahren lassen?« Sei ehrlich zu dir – und mach um Himmels willen nicht den Fehler, über dich zu lamentieren. Erlaube dir nicht, ein Urteil zu fällen. Es steht dir einfach nicht zu, deine Verbindung zu deiner inneren Göttlichkeit dadurch zu stören, dass du eine Erfahrung als »schlecht« bezeichnest. Denn immer, wenn du urteilst, und das gilt vor allem jetzt für dich selbst und deine Selbsteinschätzung, verhinderst du die Wahrnehmung deines Lichtes. Du trennst die Verbindung zu Kane. Nimm dich so an, wie du bist, gerade und besonders dann, wenn du dir eine nicht so tolle Erfahrung kreiert hast.

Hier erfahren wir den besonderen Segen von Huna. Als beginnender Herzschamane akzeptierst du dich selbst und dein Selbst jeden Tag etwas mehr. Du beginnst, deine eigenen »Fehler« leichter anzunehmen. Du gestaltest deinen Alltag freudiger, indem du gerade dann nett zu dir bist, wenn du Grund hättest, es nicht zu tun. Du liebst dich einfach so, wie du bist. Mit allem, was zu dir gehört. Jeden Tag und jede Minute etwas mehr.

Selbstverständlich bedeutet gelebte und expandierende Selbstliebe, die anderen Menschen ebenso zu lieben. Je mehr du beginnst, dich selbst und alles, was zu dir gehört, bedingungslos anzunehmen und zu lieben, desto inniger werden deine Erfahrungen mit anderen Menschen sein. In dem Maße, indem du dir erlaubst, deine Fehler und Unzulänglichkeiten anzunehmen und zu lieben, erlauben sich auch die Menschen um dich herum, sich tiefer zu spüren und als liebenswert zu erfahren. Wir lernen über Huna, jeden Menschen immer mehr zu akzeptieren, und zollen seiner Seele tiefen Respekt. Wir verneigen uns vor der Großartigkeit jeder Seele.

Wir gestalten unser Leben glücklicher und freudiger – eben weil wir uns und unsere Mitmenschen so achten und lieben, wie sie sind. Willst du ab heute mit uns die weise Liebe deines Herzens erfahren? Dann erlaube dir, dich heute, jetzt, in diesem Moment, als vollkommen und durchlichtet zu spüren.

ES IST SO EINFACH. DU MUSST ES NUR TUN.

Vielleicht denkst du dir jetzt: Nun, das ist alles sehr schön, ich möchte auch gern tiefer die Liebe und Weisheit meines Herzens erfahren, aber ich kann mich einfach in diesem und jenem Bereich nicht akzeptieren, geschweige denn annehmen. Was kann ich tun? Wie soll ich es anstellen, Herzschamane zu werden?

Zunächst erforscht du gründlich und ehrlich deine Lebenssituation. Wo denkst du denn, hast du verlernt, der Weisheit deines Herzens zu vertrauen? Gab es eine ganz bestimmte Situation, die dich aus deiner Mitte geworfen hat – oder hast du in deiner Kindheit subjektiv zu wenig Liebe und Vertrauen erfahren? Wo liegt dein Mangel? Gleich, wie deine Antwort nun aussieht: Du kannst heute und jetzt mit Huna die Weisheit deines Herzens erleben.

Die Technik ist so einfach, wie alles im Huna. Wir stärken das, was wir bereits gut können, und lassen dann die vermehrte und aufgebaute Energie in das blockierte Herz fließen.

- Sicher gibt es irgendeinen nahestehenden Angehörigen, den du liebst. Vielleicht kennst du einen Menschen, dem du vertrauen kannst oder den du bewunderst. Wahrscheinlich gibt es auch ein Haustier, das dein Herz berührt.
- Was auch immer für dich nun stimmig ist, spüre in diesem Moment das aufkeimende Gefühl der Liebe – für den Liebsten, dein Kind, dein Elternteil, deinen Verwandten, deine Freundin oder deinen Hund. Die sanfte Freude, die sich nun ausbreiten will, das aufsteigende Gefühl der Dankbarkeit, die

zärtliche Liebe, die nun vorsichtig expandiert – erlebe diesen einen, einzigartigen, wunderbaren Moment und erlaube dir, diese Emotion zuzulassen. Tauche ein in dieses weiche, warme Gefühl, das dein Herz weitet und öffnet.

- Nun lässt du diese Liebe, die sich verströmen will, in dein eigenes Herz einfließen. So, als wäre es selbstverständlich, nicht nur andere Menschen zu mögen, sondern vor allem auch dich selbst. Vertraue deiner Liebe und erfahre sie im Alltag.

Zelebriere den Herzschamanen in dir.
Jeden Tag ein wenig mehr.

La'a kea: Das heilige Licht der Liebe

Du merkst schon, es gibt im Huna keine »guten« oder »schlechten« Aspekte. Wir üben uns lediglich jeden Tag als »Liebesstrahler«. Dieses Liebeslicht wird im Huna La'a kea genannt, »heiliges Licht«. Über diese bewährte Methode lernen wir, Aspekte, die wir an uns oder unseren Menschen noch nicht annehmen können, allmählich zu durchlichten und sie mit unserer Liebe zu erfüllen.

Du übst La'a kea zunächst morgens. Behutsam, noch bevor dich der Alltag mit allen seinen Herausforderungen konfrontiert, lenkst du die ersten Gedanken an das heilige Liebeslicht. Du kannst dir dabei eine strahlende Sonne vorstellen oder du visualisierst dich und deine Aura als leuchtend hell und glücklich. Es stellt sich sofort ein wohliges, warmes Gefühl ein, dein Ku kreiert augenblicklich diese weiche, liebevolle Energie, mit der es alles harmonisiert.

In diesem Zustand kannst du dann deinen Tag beginnen. Und immer, wenn du spürst, dass du unsicher wirst oder aus diesem Gefühl herauszufallen drohst, denkst du wieder an die schönen Augenblicke mit dem heiligen Liebeslicht. Die Technik ist so einfach, hat sich tausendfach bewährt und kann überall und sofort angewendet werden. Wir laden dich ein, sie gleich morgen früh auszuprobieren!

Du kannst dann noch tiefer in diese Methode einsteigen. Visualisiere dabei bestimmte Farben, um deine Energie in die gewünschte Richtung zu lenken. Energien sind ja zunächst neutral, sie stehen uns uneingeschränkt zur Verfügung und dienen uns – je nachdem, wie wir sie programmieren. Aufbauende Gedanken und Gefühle ziehen auch entsprechende Situationen in unser Leben.

- Du kannst farbloses oder weißes Licht visualisieren und die Energien beauftragen, alles zu durchlichten.

Das eignet sich vor allem, wenn du irgendwo bist, wo die Energien durcheinander oder »grau« sind.

- Mit rosafarbenem Licht kannst du Spannungen beseitigen, mit Orange verbesserst du deine Konzentration. Gelb steht für das Sammeln von Energien und die Linderung von Sorgen.
- Mit Grün kannst du besser segnen und Freundschaften unterstützen. Blau ermächtigt dich in deinen Unternehmungen und steigert deine Kraft und Stärke.
- Mit Violett transformierst du grundsätzlich negative Energien in positive. Über diese Farbe, die Himmel und Erde verbindet (Blau ist der Himmel und Rot ist die Erde, Blau und Rot bilden Violett) kannst du die körperliche und geistige Harmonie verankern.
- Schließlich erlaubt dir die Farbe Schwarz, die eigentlich keine Farbe ist, alle Negativität zu absorbieren. Vielleicht tragen wir deshalb bei Trauerfeierlichkeiten Schwarz – und auch das »kleine Schwarze« bei offiziellen Festivitäten grenzt uns ab.

Sei dir einfach nur bewusst, dass Energien unendlich zur Verfügung stehen – es liegt an dir, sie bewusst zu lenken. Und warum solltest du dir ständig überlegen, wie du dein Leben glücklicher gestalten könntest, was du tun könnest, um ein schönes Gefühl zu erhalten – wenn doch alles in der

Liebe gründet? Es ist so einfach, dein Glück zu kreieren. »Bleib in deiner Liebe und lass nichts anderes als Liebe zu.« Die Kernaussage der Huna-Ethik gründet wie immer in der segensreichen Einfachheit.

Huna fühlt sich immer leicht an. Vielleicht liegt es an Hawaii, das mit seinen traumhaft schönen Inseln, den sauberen Buchten, den weichen Hängen und der wunderschönen Natur uns Menschen hilft, uns weicher zu erleben? Vielleicht gelingt es gerade in Hawaii, zum ersten Mal in dieses heimelige Gefühl einzutauchen?

Sicher kannst du in einer harmonischen Umgebung schneller und intensiver dein Glück erleben. Als Herzschamanen lernen wir jedoch, Hawaii immer mehr auch im Alltag und in Europa zu erfahren. Denn über Huna übergeben wir die Strenge, Starre, das Unbeugsame, Negative, Schwere der transformierenden Heilenergie der bedingungslosen Liebe. Langsam, aber sicher wird unser Alltag von einer gewissen Leichtigkeit durchflutet, die sich auf alle Bereiche unseres Lebens auswirkt. Wie ein sanfter Lichtstrahl, ein wunderbarer

Sonnenstrahl, will sich die Energie von Huna in uns ausbreiten und durch uns wirken. Huna bringt dabei unsere verborgenen Potenziale zum Vorschein und fordert uns auf, unser Licht im Alltag leuchten zu lassen. Es ermuntert uns, fröhlich und offen das Leben zu zelebrieren.

Huna erlaubt dir, dich selbst mit allem, was zu dir gehört, zu lieben. Huna lehrt dich, dich selbst nicht mehr so ernst zu nehmen, sondern deine Leichtigkeit in dir wieder neu zu erforschen. Du lernst, mit Huna das Gemüt tanzen zu lassen und mit deinem Spirit vor der Welle zu surfen. Du bist Bewusstseinspionier und Herzschamane. Du lebst dein Leben völlig im Einklang mit dir und der Schöpfung. Du erlebst dich als göttliches Wesen, das sich den Spaß macht, sich als Mensch verkleidet zu haben. Du wirkst wie ein Engel auf Erden.

Die völlige Hingabe an diesen wunderbaren Prozess der Erleuchtung hat jetzt schon in dir eingesetzt. Sie bewirkt die Gnade der Heilung deines Lebens und intensiviert dein Glück. Hast du Lust, ab heute, ab jetzt, ab diesem Moment, dein Leben als eine einzige wunderbare Erfahrung in spielerischer Leichtigkeit zu zelebrieren?

Der Segen der Kahunas liegt über uns.

Mahalo!

8

Aloha, Ohana, Mahalo: Eine Huna-Glücksformel für Eilige

Und hier folgt eine Huna-Glücksformel für besonders offene oder auch eilige Menschen in einer noch stärker fokussierten Form:

Aloha – Ohana – Mahalo

Aloha: Liebe. Lieben. Jede Form von Liebe leben und die Liebe auch lieben. Das Leben mit so viel Liebe wie nur möglich gestalten. Liebe als Hauptkraft, als »Raketenantrieb« verstehen, der sehr viel mehr möglich macht, als man sich ohne Liebe je hätte vorstellen können.

Ohana: Familie im weitesten Sinne. Gemeinschaft. Mitmenschlichkeit. Das Erfühlen, dass wir Menschen alle im selben Boot des Lebens sitzen. Dass wir alle auf derselben einen Erde leben. Dass ohne Gemeinschaft, ohne Verbindung untereinander, Leben gar nicht möglich ist. Immerhin atmen wir ja ständig auch die Luftmoleküle ein, die andere ausgeatmet haben. Und umgekehrt. Wir sind tatsächlich nicht nur moralisch, ethisch, spirituell und so fort verbunden, sondern auch physisch und physiologisch.

Mahalo: Dank. Dankbarkeit. Dafür, dass wir sein dürfen. Dass wir atmen, fühlen, denken, leben können. Dass wir die überwältigende Schöpfung erfahren – und uns als einen aktiven Teil davon. Sicher sind wir Mitschöpfer, in manchem sogar Schöpfer. Und dennoch bleibt Dankbarkeit für die Kraft, die unser bewusstes Sein ausmacht. Dank an die Schöpfung, Dank an den Schöpfer, die Schöpferin. Dank an Spirit. Dank an uns selbst, an unser eigenes Selbst!

Bei all dem bitte nicht vergessen: Ideale sind Orientierungspunkte, nicht mehr und nicht weniger. Kein Mensch kann ein vollkommen ideales Leben führen. Auch das ist Huna: das Leben gelassen in Liebe, Mitmenschlichkeit und Dankbarkeit gestalten, so gut es eben gerade gelingen mag.

Aloha – Ohana – Mahalo

Lieben, verzeihen, achtsam leben: **Aloha**

Segnen, in weiser Zärtlichkeit alles Sichtbare und Unsichtbare gutsprechen und heiligen: **Ohana**

Dankbarkeit, mit klarem Herzen spüren, wie reich wir beschenkt sind und schenken dürfen: **Mahalo**

»Geh einfach einen Schritt weiter. Einen klitzekleinen Schritt. Hör nicht auf, noch tiefer in dein Herz vorzudringen. Mach die Tür auf, die sich schon wie von selbst einen

Spaltbreit geöffnet hat. Denn hinter der Tür liegt ein großes Geheimnis. Dort offenbart sich die Weisheit und das Glück von Huna. Habe den Mut, drück die Klinke nach unten und erlaube dir, deine eigene Erleuchtung zu erleben.«

Meine Kahuna-Lehrerin brachte mich bis an diesen Punkt. Und ihre Worte klingen mir noch immer in den Ohren, die sanfte und liebevolle Aufforderung, einen kleinen Schritt weiterzugehen. Vielleicht bist du jetzt, wenn du diese Zeilen liest, auch bereit? Hast du den Mut?

Nun liegt es an dir. Bis hierher konnte dich Huna führen, und die Kahunas konnten begleiten. Bisher bist und warst du vor allem unter dem Schutz deiner Engel oder deiner ganz persönlichen Führer. Jetzt aber beginnt deine eigene Meisterschaft, die sich zunächst in kleinen Schritten offenbaren will. Es liegt in deiner Macht, dein Leben zu verändern, es obliegt deinem Herzen, deine Liebe auszudehnen, nur du kannst der Erfüllungsgehilfe deines Seelenplans sein.

Es macht Spaß, sein Leben selbst zu gestalten, unabhängig von den »äußeren Umständen«. Auch dieser selbstverständliche und natürliche Zustand will erst gelernt und geübt werden. Du bist im wahrsten Sinne des Wortes dein eigener Führer. Du kreierst dein Leben so, wie du es für richtig erachtest und

folgst deinem ganz individuellen Seelenplan. Huna geleitet dich auf deinem Weg zu deiner einzigartigen Meisterschaft. In der sehr verdichteten Kurzform der drei Herzkräfte Aloha – Ohana – Mahalo sowie in der vertieften und ausführlicheren Form der Huna-Glücksformel der neun Schritte. Es sind diese neun einfachen Schritte, die du am Anfang erst einmal ganz bewusst, achtsam und auch genau ausführen solltest. Je öfter du die Huna-Glücksformel anwendest, desto schneller geht das Ritual und desto intensiver sind die Ergebnisse.

Hier im Überblick die neun Schritte zum Glück nochmals kurz zusammengefasst:

- Kala: Du weißt, dass du in deinem Leben etwas verändern willst.
- Ho'oponopono: Du versöhnst dich mit dem Leben.
- Ike: Du schaffst Bilder und Visionen.
- Mana: Du sammelst Energien in dir.
- Manawa: Du gehst in deine Kraft.
- Makia: Du entscheidest dich jetzt und tust etwas.
- Pono: Du lebst bereits die Veränderung.
- Aloha: Du segnest und liebst noch mehr.
- Hang loose: Du lässt einfach los.

Diese neun Schritte werden sich im Laufe der Zeit automatisieren. Du kannst jederzeit die Huna-Glücksformel verwenden, gleich ob es sich um eine großartige Veränderung in deinem Leben handelt oder du einfach nur kleine Verbesserungen vornehmen willst. Der Segen der Kahunas ruht über dieser Glücksformel. Sie wollen, dass es uns allen gut geht und die Liebe des Unaussprechlichen sich jeden Augenblick mehr ausdehnen kann. Huna will segensreich in dein Leben integriert werden. Dir steht die Tür offen. Du brauchst nur den einen klitzekleinen Schritt zu machen und weiterzugehen. Wir wünschen dir dazu die Kraft, den Mut, die Klarheit und die bedingungslose Liebe, die sich dir offenbaren will.

ALOHA – ICH LIEBE JEDE LIEBE.

Die Huna-Glücksformel will nun in die Welt eingebracht werden. Wir durften sie in intuitiver Weise empfangen, und unser Kahuna ermuntert uns, diese Glücksformel zu verbreiten. Stellen wir uns nur mal vor, viele Menschen werden von der Idee berührt, eine Glücksformel an der Hand zu haben, die es ihnen erleichtert, ihr Leben harmonischer, gesünder, lebendiger, freudiger oder heiler zu gestalten. Wie würde sich unsere Gesellschaft verändern, wenn wir uns mit mehr Liebe begegnen würden, unsere Leben miteinander in ständigem harmonischen Austausch gestalten und uns gegenseitig – so wie es in der Bibel schon beschrieben wurde – als »Brüder und Schwestern« sehen könnten? Wenn wir nicht mehr auf die Fehler und Unzulänglichkeiten unserer Mitmenschen, sondern auf die Großartigkeit von ihren Seelen blicken würden?

Wir möchten die Idee einer großen Familie nach außen tragen. Wohlwissend, dass wir nicht alle Menschen erreichen oder vielleicht auch mit einem verständnislosen Lächeln betrachtet werden. Mir (Petra) wurde in der Vergangenheit oft vorgeworfen, ich sei für diese Welt viel zu gut, wäre zu naiv und gutgläubig. Kann sein. Ich habe mich aber bisher strikt geweigert, mein Augenmerk nur auf das Negative zu richten. Der Misthaufen wird nicht kleiner, wenn ich ihn analysiere. Es reicht für mich zu wissen, wo etwas nicht in Ordnung ist, und die Gewissheit zu haben, dass vieles in unserer Welt schräg läuft. Ich verbessere aber die Situation überhaupt nicht, wenn ich mitlamentiere, jammere oder Gott für eine missliche Lage anklage.

Nein. Im Huna lenken wir bewusst die liebevolle Aufmerksamkeit auf das Schöne in jedem Menschen. Auf das Herz, das durch unsere eigene Liebe mehr erblühen will. Wir segnen das Gute, das in jedem Menschen steckt. Wir teilen unsere Liebe, die mehr und weiter bedingungslos expandieren will. Wir vermehren sie.

OHANA – WIR SIND EINE FAMILIE
UND LIEBEN JEDE LIEBE.

Wir tragen alles in uns. Unser gesamtes Potenzial, unsere Talente, die sich offenbaren möchten, unsere ureigene Schwingung und tragfähige Liebe. Wir werden Meister unseres Lebens und leben so, als hätten wir bereits all das integriert. Wir erinnern uns nur noch daran, wie wir auf diesen wunderbaren Weg gekommen sind und was wir getan haben, um diese einzigartige Transformation zu gestalten.

Und auf einmal ist alles anders. Die vielen kleinen Schritte, die nun zu einem großartigen Weg der Vervollkommnung geworden sind. Die kleinen Einsichten, die nun die Erleuchtung eingeleitet haben. Kleine Momente der Liebe, die unser Herz weicher und wärmer strahlen lassen.

Mit Huna beginnen wir, unser Leben so individuell und einzigartig zu gestalten, wie wir selbst sind. Wir surfen – wie auf Hawaii auf den großen Wellen – durch unser Leben. Getragen von unsere Energie und der tiefer werdenden Liebe zu uns. Wir tanzen die Liebe auf allen Ebenen. Wir lieben jede Liebe.

Mahalo. Möge der Geist des Unaussprechlichen mit uns sein.

A mamaunanoa – lelewaleakua la

Und das Gebet erhebt sich und fliegt. Möge der Regen des Segens auf jeden herniederfallen, der den Weg des Huna geht.

9

Zum Abschluss noch ein Ritual

Es ist uns durchaus bewusst, dass mancher Leser auf die »Glücksformel für Eilige« mit nur drei Punkten wohl mit einem lustigen Augenzwinkern und einem rebellischen »Wenn das so einfach wäre« reagieren könnte. Uns ist die Tragweite der Huna-Glücksformel in neun Schritten klar, und dennoch sind wir frohen Mutes, den Segen, der über diesem Buch liegt, weiter nach außen zu tragen. Eben auch über eine Kurzformel ins Glück. Viel zu lange wurden wir dahingehend erzogen, dass alles schwer erarbeitet werden muss und das Glück durch Zufall in unser Leben kommt – wenn überhaupt. Wir möchten die aufgeschlossenen Leser fast provokativ auffordern, die Glücksformel auf ihre eigene Weise ins Leben zu integrieren und zu einem festen Bestandteil ihres Alltags werden zu lassen.

Als ich, Petra, in der Praxis immer wieder mit einem Problem konfrontiert wurde, half mir mein Kahuna. Eine Schülerin von mir hatte – wie so viele andere Menschen auch – zwar schon viel getan, meditiert, ihre persönlichen Blockierungen aufgelöst, und dennoch fehlte noch eines: das Vertrauen in die Führung ihrer Seele. Die felsenfeste Überzeugung, dass alles richtig ist, wie es ist.

Das nötige Urvertrauen, auch die perfekten Augenblicke ins eigene Leben zu integrieren.

In einer schamanischen Arbeit übermittelte mir mein Kahuna-Lehrer dann diese letzte Übung, die ich hier unverändert an alle interessierten Leser weitergeben will, die auch beginnende Abenteuer- und Herzschamanen sind. Und wieder ist das Ritual so einfach, dass ich frohen Herzens und mit wachsender Begeisterung für Huna ein weiteres Geschenk vermitteln darf.

Stell dir einfach deine Vision vor, die du kreiert hast. Deine ganz persönlichen Glücksaugenblicke, deine intimen Wünsche, deine innerste Traumwelt, die du in die Realität bringen willst. Stell dir vor, du würdest in diesem Traum alles wie lebendig erleben – du spürst dich lachend, gesund, glücklich, integriert in einem Leben, was du willst. Du lebst dein Leben.

Und nun legst du eine Aka-Schnur um deinen Traum. Das ist der Stoff, aus dem Träume gewoben werden. So etwas wie eine ätherische Schnur, eine energetische Substanz. Binde deinen Traum fest und verankere ihn jetzt – in diesem Moment – in deinem Herzen. Du kannst sicher sein, dass deine Seele – in Verbindung mit dir selbst – deinen Traum findet.

Dann lass los. Den Rest erledigen Huna und die Glücksformel. Denn diese Formel ist uns vermittelt worden, um

Menschen an ihr eigenes Glück zu erinnern und das Leben auf dieser Erde mit dem heiligen Licht der Liebe immer mehr zu durchlichten.

Abschluss- oder Transformationsritual

Für die innere Festigung und äußere Verwirklichung der Huna-Glücksformel hat sich das folgende Ritual bewährt, das du ganz am Ende der neun Schritte, nachdem du losgelassen hast – nach dem »Hang loose« –, noch ausführen kannst, wenn du das möchtest Am besten funktioniert es in einer Gruppe, du kannst es aber gern auch zu Hause für dich ausführen.

Vorbereitung
Such dir wieder einen ruhigen Raum, den du zuvor reinigst. Du solltest genügend Platz zur Verfügung haben. Such dir neun Kissen oder Matten und lege sie kreisförmig auf den Boden. In die Mitte kannst du eine Art Wunscherfüller stellen, eine Kerze, einen Stein oder einen anderen Gegenstand, der dir lieb ist.

Ausführung
Du machst dir ganz klar, was du in deinem Leben verän-

dern möchtest. Du sprichst diesen Wunsch laut und deutlich aus.

Dann suchst du dir ein Symbol für dein Ziel – es kann eine Farbe sein, ein Stein, eine Blume. Am besten irgendetwas, was in greifbarer Nähe ist. Du kannst auch ein Foto für deinen Wunsch nehmen. Es eignet sich alles, was du sofort mit deinem neuen Leben in Verbindung bringen kannst.

Du stellst dich zwischen die Kissen oder Matten und legst nun dieses Symbol auf ein Kissen oder eine Matte deiner Wahl. (Ab hier geht es dann im Uhrzeigersinn weiter.) Dabei sprichst du laut und deutlich aus: »Ich möchte dies und jenes in meinem Leben integriert haben.«

Dann trittst du auf dieses erste Kissen bzw. diese erste Matte vor dir und beobachtest, wie sich dieser Wunsch nun *auf* dem Wunscherfüllungskissen anfühlt.

Danach folgt ein Schritt nach dem anderen. Bevor du auf das nächste Kissen gehst, fühlst du in dich hinein, ob du bereit bist, den nächsten Schritt zu tun oder ob in dir irgendwelche Blockierungen sind. Dann warte so lange, bis sich dein Widerstand gelegt hat. Wenn diese Übung in einer Gruppe praktiziert wird, können die übrigen Teilnehmer ihre Aufmerksamkeit und ihre Energie demjenigen zur Verfügung stellen, der jetzt gerade diese Schritte unternimmt. Sie sollten dabei bitte nur Liebe und Aufmerksamkeit dem Glücksformel-Praktizierendem entgegenbringen und keinesfalls Kommentare oder eigene Geschichten mit einfließen lassen.

So gehst du Schritt für Schritt, im Uhrzeigersinn, von einem Kissen zum nächsten und transformierst die Energie. Spätestens beim siebten Schritt wirst du spüren, wie die alte blockierte Energie von dir abfließt und wie herrlich leicht du dich anfühlst. Die Veränderung beginnt mit dem Ritual. Huna hat ja auch mit vielen magischen Momenten zu tun. Indem wir alle, auch in Verbindung mit den Kahunas, den Segen auf unser Tun lenken, bringen wir das Heilbringende in unser Leben.

Im letzten Schritt nimmst du dein Symbol, das du dir zu Beginn des Rituals auf das letzte Kissen gelegt hast, und überreichst es dir selbst symbolisch als ein Geschenk.

Und das Wunder der Transformation hat eingesetzt.

Wir sind sehr froh und glücklich, diesen Weg gegangen zu sein. Mahalo! Wir wünschen dir Glück, Erfüllung und Heilung!

10

ANHANG

Kleines Glossar

Aloha Geist der Liebe; Leben aus dem Herzen; Offenheit für Liebe; Mitgefühl; eines der sieben Energiegesetze und Bewusstseinskräfte

Aumakua Geistführer, das können Ahnen, persönliche Gottheiten oder auch Krafttiere sein. Die Sängerin Amy Hanaiali'i schreibt auf dem Cover ihrer CD 'Aumākua Mary Kawena Puku'i: »Als Götter und Verwandte in einem geben sie uns Kraft, wenn wir schwach sind, warnen uns vor Gefahr und führen uns in der Verwirrung, und sie inspirieren uns in unseren Künsten.«

Ho'oponopono Prozess der Bewusstwerdung, Kommunikation, Vergebung und Versöhnung; Prozess der Mediation in Familien, um Probleme zu bereinigen

Ike sehen; erkennen; eines der sieben Energiegesetze und Bewusstseinskräfte

Hula darstellender Tanz, der Geschichten erzählt; eine eigene spirituelle Kunst- und Kulturform auf Hawaii

Huna Das Wort bedeutet in der hawaiianischen Sprache zunächst einmal »verborgen« und »geheim«. Der Begriff wurde von Max Freedom Long 1936 erstmals verwendet, um seine metaphysischen Lehren zu benennen. Darin stellte er die Weisheit und Praxis der Kahunas erstmals in schriftlicher Form vor – so wie er die schamanisch geprägte hawaiianische Naturreligion verstand. Man könnte Huna auch als »schamanisches Handwerk« für den modernen Menschen bezeichnen, das dem Ziel dient, den Einzelnen und die Welt zu heilen.

Kahuna Meister beziehungsweise Meisterin; Priester; Experte auf einem bestimmten Gebiet; bei uns häufig speziell für hawaiianische Heiler und Schamanen verwendet; eigentlich bedeutet ka huna »Geheimnis«.

Kala eigentlich »Kragen«; aber auch Entgrenzung; eines der sieben Energiegesetze und Bewusstseinskräfte

Kane Mann; männlich; hoher Schöpfergott; hohes Selbst

Ku unteres Selbst

Kumu Lehrer beziehungsweise Lehrerin

Lei Blütenkranz, oft aus mauna-loa-Ranken und mit Plumeria- und Hibiskusblüten

Lomilomi hawaiianische Massagekunst

Lono mittleres Selbst

Mahalo Danke

Makia Energie folgt der Aufmerksamkeit; eines der sieben Energiegesetze und Bewusstseinskräfte

Mana spirituelle Kraft; Macht; »Chi«, eines der sieben Energiegesetze und Bewusstseinskräfte

Manawa Herz, Frieden, Wohlsein; die Ausrichtung beziehungsweise Lenkung von Mana; eines der sieben Energiegesetze und Bewusstseinskräfte

Ohana Familie; eine Gruppe nicht blutsverwandter Menschen, die sich zusammengehörig fühlen; aber auch Familie im Sinne von Menschheit, von allen Menschen als einer einzigen Familie

Pono Güte, Aufrichtigkeit, Balance; eines der sieben Energiegesetze und Bewusstseinskräfte

Ukulele kleines Saiteninstrument, das 1879 von Portugiesen nach Hawaii gebracht wurde; wörtlich: »hopsender Floh«

Wahine Frau; weiblich

Wailua Spirit; Geist

Diese Hinweise dienen als erste Orientierung.

MAHALO!

Buchhinweise

Deutschsprachige Bücher

Hoppe, Geoffrey und Linda: Adamus Saint-Germain. Die Meister der neuen Energie; Ansata Verlag (übersetzt von W. v. Rohr)

King, Serge Kahili: Der Stadtschamane; Lüchow Verlag

ders.: Healing Relationships. Mit Huna im Einklang mit sich und der Umwelt; Lüchow Verlag (übersetzt von W. v. Rohr)

ders.: Huna. Der hawaiianische Weg zu einem erfüllten Leben; Lüchow Verlag (übersetzt von W. v. Rohr)

Lazarus, Petra: Die Lazarusmethode. Entgiftung von Körper, Geist und Seele; Allegria Verlag (Koautor W. v. Rohr)

dies.: Pilze und Parasiten im Blut. Neue Erkenntnisse der Dunkelfelddiagnose; Knaur Verlag (Koautor W. v. Rohr)

dies.: Kahuna-Yoga. Über die praktische Verbindung von Huna und Yoga; Verlag Neue Erde

Rohr, Wulfing von: Kleine Erleuchtungen. Ein Weg zu Erfolg und Erfüllung; Knaur Verlag

ders.: Was lehrte Jesus wirklich? Die geheime Botschaft der Bibel; Schirner Verlag

ders.: Kuan Yin. Die weibliche Fürsprecherin im Buddhismus; Schirner Verlag

Spezzano, Chuck: Karten der Heilung, Buch und Kartenset; Urania Verlag (übersetzt von W. v. Rohr)

ders.: Wenn es fesselt, ist es keine Freiheit; Integral Verlag (übersetzt von W. v. Rohr)

Wiegel, Suzan H.: Die Botschaft der Kahunas; Schirner Verlag (Koautor W. v. Rohr)

Englischsprachige Bücher

Harden, M. J. (Hrsg.): *Voices of Wisdom. Hawaiian Elders Speak* (Biografische Notizen und Auszüge aus den Lehrern von 24 Kahunas); Aka Press, Kula, Hawaii

Long, Max Freedom: *The Secret Science Behind Miracles* (neu bei Wildside Press, www.wildsidepress.com)

ders.: *Mana Or Vital Force;* Huna Research Inc.

ders.: *Recovering The Ancient Magic* (neu bei Kessinger Publications)

ders: *The Secret Science At Work* (neu bei Kessinger Publications)

Piercy, LaRue W.: *Hawai'i This and That;* Mutual Publishing, Honolulu

Provenzano, Renata: *A Little Book of Aloha;* Mutual Publishing, Honolulu

Schütz, Albert J.: *A Pocket Guide to the Hawaiian Language;* Island Heritage Publishing, Waipuha, Hawaii

Veary, Nana: *Change We Must. My Spiritual Journey;* Institute of Zen Studies, Honolulu

Westervelt, William D.: *Myths and Legends of Hawai'i;* Mutual Publishing, Honolulu

Einige interessante Links, die zu Texten über andere Aspekte von Glück führen

de.wikipedia.org/wiki/Glück

de.wikipedia.org/wiki/Glücksforschung

www.planet-wissen.de/alltag_gesundheit/psychologie/glueck/

www.planet-wissen.de/alltag_gesundheit/psychologie/glueck/tipps.jsp

www.gluecksforschung.de/mitteilung-an-die-medien.htm

www.neweconomics.org

ÜBER DIE AUTOREN UND IHRE ANGEBOTE

Petra Lazarus

Sie ist Heilpraktikerin, Schamanin, Yoga- und Huna-Lehrerin. Sie leitet Kahuna-Kurse und Ausbildungen, deren Grundlage die hawaiianischen Huna-Lehren sind. Im Mittelpunkt ihrer Arbeit steht, das Potenzial der Teilnehmerinnen und Teilnehmer zu erfassen und für diese selbst erfahrbar zu machen. So gelangen die Menschen zur Selbstermächtigung und können neue Ziele erreichen.

Im Bereich Yoga hat Petra Lazarus zunächst klassische Hatha-Yoga-Kurse geführt, nun indes eine neue Verbindung von Huna und Yoga entwickelt, die sie in speziellen Huna-Yoga-Kursen anbietet.

In ihrer Naturheilpraxis in Bad Reichenhall gehören zu ihren Arbeitsschwerpunkten Dunkelfeldblutdiagnostik nach Prof. Dr. Enderlein, Regulationsdiagnostik, Mikrobiologie, Radionik, Akupunktur, Wirbelsäulenbehandlung, Psychokinesiologie nach Dr. Klinghardt, Schwermetallausleitung, Farbtherapie und Energiearbeit. Seit einigen Jahren setzt sie auch insbesondere das schamanische Arbeiten und Kahuna-Healing ein.

Petra Lazarus ist Mutter von zwei erwachsenen Töchtern. Von ihr sind bisher drei Bücher erschienen; siehe Literaturangaben.

Kontakt

HP Petra Lazarus, Naturheilpraxis; Huna-Zentrum für hawaiianischen Schamanismus
Rathausplatz 5, D 83435 Bad Reichenhall;
Tel. +49-(0)8651-766369
E-Mail: info@lazaruspraxis.de
Webseite: www.lazaruspraxis.de

Übersicht zu den Huna-Kursen mit Petra Lazarus

Petra Lazarus bietet regelmäßig Huna-Kurse zum hawaiianischen Schamanismus an. Außerdem laufen spezielle intensive Kahuna-Ausbildungen mit Zertifikat.

- Erlebnisabende zur Einführung, in Bad Reichenhall und andernorts
- Regelmäßige Huna-Treffen, in Bad Reichenhall
- Wochenenden: Die drei Selbste / Die sieben Energiegesetze und die sieben Bewusstseinskräfte, in Bad Reichenhall und andernorts
- Sieben Vertiefungsseminare zu den sieben Kräften, jeweils ein Tag in Bad Reichenhall
- Meisterkurs, auf Hawaii

Wulfing von Rohr

Jahrgang 1948, er ist Bewusstseins- und Kulturforscher, Buchautor und Koautor, Seminarleiter, Übersetzer und Herausgeber. Er tritt als Moderator und Organisator von spirituellen Treffen in Erscheinung, zum Beispiel auf der Internationalen Friedenskonferenz München 1999, bei den Interreligiösen Gesprächen Luzern 2000; den Friedenstagen Salzburg 2002, den Engeltagen Salzburg und München 2006, 2007 und 2008; The Gathering-Konferenz für LichtarbeiterInnen in Solothurn 2008, den Lebenskraft-Symposien in Zürich 2008, 2009, 2010 und 2011, sowie Aura Basel 2009 und 2010. Bei der Crimson Circle New Energy-Konferenz in Colorado Juli 2009, München 2010, Santa Fe 2011 und Wien 2012 war er einer der Gastredner. W. v. Rohr war von 1974 an zwanzig Jahre lang Fernsehjournalist und Produzent von Fernsehdokumentationen für ARD und ZDF; Gründungschefredakteur der Zeitschrift ENGELmagazin 2008 und 2009; er arbeitet jetzt bei BELLA LUNA mit und ist Empfänger des internationalen »Inspire Consciousness Award« 2010. Er war langjähriges Mitglied der Internationalen Gesellschaft für Tiefenpsychologie und hat bis 2010 ehrenamtlich als Mitglied des Pfarrgemeindesrats am Marienwallfahrtsort Großgmain gewirkt. Im deutschsprachigen Raum gilt er als ein führender Kenner der spirituellen Bewegungen und Entwicklungen in Europa, Nordamerika und Teilen von Asien.

Kontakt

E-Mail: wulfing@aon.at
Webseite: www.wulfingvonrohr.info

Hinweise auf Kurse

Wulfing von Rohr bietet mit seiner Erfahrung aus 100 veröffentlichen Büchern als Autor und Koautor u.a. Schreibkurse an, ferner Tagesseminare und Kurzworkshops speziell zur HUNA-Glücksformel und Abende sowie Seminare zum Thema Numerologie: »Die Zahlen deines Lebens« und »Quanten-Numerologie: Die Bedeutung der Null«.

MAHALO

Dank!

Mahalo an meinen Kahuna Manowa, der mein Geistführer ist. Ich, Petra, danke ihm für seine Führung. Mahalo meiner verstorbenen Lehrerin Nona, durch die ich persönlich ins Huna eingeführt wurde.

Wir beide danken Suzan H. Wiegel für ihre Pionierarbeit für Huna im deutschsprachigen Raum. Ihr Werk soll auch durch dieses Buch und durch die Seminare und Ausbildungen von Petra, die eine Zeit lang ihre dankbare Schülerin war, weitergetragen werden. Wulfing hatte ja als Koautor Suzans erstes Buch mitgeschrieben, erschienen im Ariston Verlag, »Das Handbuch der Kahuna-Medizin«.

Wir haben ein neues Huna-Netzwerk ins Leben gerufen, das HUNA NETWORK EUROPA: www.huna-network.eu; auch auf Facebook.

Dem Ansata-Team bei Random House ein herzliches Mahalo für die Offenheit für das Thema und die Unterstützung bei der Umsetzung in dieses schöne Buch.